Stefan Wolf

Mörderischer Stammbaum

Ein Fall für

TKKG

T wie Tim
K wie Karl
K wie Klößchen
G wie Gaby

D1925924

Pelikan

Das Papier dieses Buches wurde ausschließlich hergestellt aus **chlorfrei** gebleichtem Zellstoff – der Umwelt zuliebe

Gesetzt nach den Regeln der neuen Rechtschreibung

ISBN 3-8144-0376-2
© 1997 by Pelikan · D-30001 Hannover
Alle Rechte vorbehalten
Umschlag-Gestaltung und Text-Illustration:
Reiner Stolte, München
Gesamtherstellung: Clausen & Bosse, Leck
Printed in Germany
Auflage 15 14 13 12 11 10 9 8 7 6 5 4 3 2 1

Inhalt

TIM

heißt eigentlich Peter Carsten. Aber tolle Typen haben auch immer einen Spitznamen. Früher wurde Tim von seinen Freunden Tarzan genannt, doch mit dem will er nicht mehr verglichen werden, nachdem er diesen ‚halbfertigen Bodybuilder‘ in einem Film gesehen hat. – Tim ist der Anführer der TKKG-Bande, die so bezeichnet wird nach den Anfangsbuchstaben ihrer Vor- oder Spitznamen. Tim ist 14, aber seinem Alter geistig und körperlich weit voraus. Ein braungebrannter Athlet, besonders veranlagt für Kampfsport und Volleyball. Seit zwei Jahren wohnt er in der berühmten Internatsschule, ist Schüler der 9b. Sein Vater, ein Ingenieur, kam bei einem Unfall ums Leben. Tims Mutter, eine Buchhalterin, müht sich sehr, um das teure Schulgeld für ihren Sohn aufzubringen. Tim ist der geborene Abenteurer, haßt Ungerechtigkeit, mischt sich ein und riskiert immer wieder Kopf und Kragen.

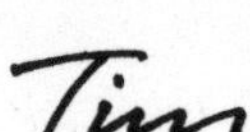

KARL, DER COMPUTER sitzt im Unterricht neben Tim, wohnt aber nicht im Internat, sondern bei seinen Eltern in der nahen Großstadt. Karl Viersteins Vater ist Professor für Mathe und Physik an der Universität; und wahrscheinlich von ihm hat Karl das tolle Gedächtnis geerbt – aus dem man alles abrufen kann wie aus einem Computer. Karl ist lang aufgeschossen und sieht magersüchtig aus, weshalb körperlicher Einsatz nicht seine Sache ist. Er kämpft lieber mit geistigen Keulen und fühlt sich bei den TKKG-Aktionen zuständig für technische und wissenschaftliche Probleme. Wenn ihn was aufregt, putzt er sofort die Gläser seiner Nickelbrille – und das manchmal so heftig, daß er alle paar Monate eine neue braucht.

Karl

KLÖSSCHEN

wird so genannt, weil er so aussieht; und für sein Aussehen gibt es einen Grund: Willi Sauerlich nascht und nascht und nascht. Schokolade ist für ihn Kraftnahrung, auch wenn er davon immer runder wird. Zusammen mit Tim bewohnt er im Internat die Bude ADLERNEST. Klößchens Vater ist Schokoladenfabrikant, und der Sohnemann versteht sich bestens mit seinen Eltern, die im feinsten Viertel der nahen Großstadt leben. Auch als Fahrschüler könnte Klößchen die Internatsschule besuchen, aber zu Hause in der pompösen Villa hat er sich immer nur gelangweilt; deshalb ist er jetzt hier – und wird von Tim mitgerissen in die vielen haarsträubenden Abenteuer, das Markenzeichen der TKKG-Bande.

Klößchen

GABY, DIE PFOTE
muß sich als einziges Mädchen gegen drei Jungs behaupten. Aber alle Trümpfe sind auf ihrer Seite: goldblondes Haar, blaue Augen mit dunklen Wimpern, Anmut, Intelligenz und wenn nötig eine kesse Lippe. Für Tim ist seine Freundin das schönste Mädchen der Welt, und er fühlt sich als ihr Beschützer – vor allem dann, wenn es gefährlich zugeht: ein sehr häufig wiederkehrender Zustand. Gabriele Glockner wohnt bei ihren Eltern in der Stadt und besucht die 9b der Internatsschule als Fahrschülerin. Gabys Vater ist Kriminalkommissar und ein väterlicher Freund der Jungs. Gabys Mutter – von Tim, Karl und Klößchen hoch verehrt – betreibt ein kleines Lebensmittelgeschäft. Gaby liebt Tiere und läßt sich von Hunden gern die Pfote geben, was zu dem Spitznamen PFOTE geführt hat. Oskar, ein schwarzweißer Cocker-Spaniel, schläft auf ihrem Bettvorleger.

Gaby und ihr Oskar

Stefan Wolf: Ein Fall für TKKG

Die Jagd nach den Millionendieben
Der blinde Hellseher
Das leere Grab im Moor
Das Paket mit dem Totenkopf
Das Phantom auf dem Feuerstuhl
Angst in der 9a
Rätsel im die alte Villa
Auf der Spur der Vogeljäger
Abenteuer im Ferienlager
Alarm im Zirkus Sarani
Die Falschmünzer vom Mäuseweg
Nachts, wenn der Feuerteufel kommt
Die Bettelmönche aus Atlantis
Der Schlangenmensch
Ufos in Bad Finkenstein
X7 antwortet nicht
Die Doppelgängerin
Hexenjagd in Lerchenbach
Der Schatz in der Drachenhöhle
Das Geheimnis der chinesischen Vase
Die Rache des Bombenlegers
In den Klauen des Tigers
Kampf der Spione
Gefährliche Diamanten
Die Stunde der schwarzen Maske
Das Geiseldrama
Banditen im Palast-Hotel
Verrat im Höllental
Hundediebe kennen keine Gnade
Die Mafia kommt zur Geisterstunde
Entführung in der Mondscheingasse
Die weiße Schmuggler-Jacht
Gefangen in der Schreckenskammer
Anschlag auf den Silberpfeil
Um Mitternacht am schwarzen Fluß
Unternehmen Grüne Hölle
Hotel in Flammen
Todesfracht im Jaguar
Bestien in der Finsternis
Bombe an Bord (Haie an Bord)
Spion auf der Flucht
Gangster auf der Gartenparty
Überfall im Hafen
Todesgruß vom Gelben Drachen
Der Mörder aus dem Schauer-Wald
Jagt das rote Geister-Auto!
Der Teufel vom Waiga-See
Im Schatten des Dämons
Schwarze Pest aus Indien
Sklaven für Wutawia/Gauner mit der ‚Goldenen Hand'
Achtung: Die „Monsters" kommen!
Wer hat Tims Mutter entführt?
Stimme aus der Unterwelt
Herr der Schlangeninsel
Im Schattenreich des Dr. Mubase
Lösegeld am Henkersberg
Die Goldgräber-Bande
Der erpreßte Erpresser
Heißer Draht auf Paradiso
Ein Toter braucht Hilfe
Weißes Gift im Nachtexpreß
Horror-Trip im Luxusauto
Spuk aus dem Jenseits
Hilfe! Gaby in Gefahr!
Dynamit im Kofferraum
Freiheit für gequälte Tiere!
Die Schatzsucher-Mafia schlägt zu
Kampf um das Zauberschwert „Drachenauge"
Der böse Geist vom Waisenhaus
Feind aus der Vergangenheit

Schmuggler reisen unerkannt
Die Haie vom Lotus-Garten
Hilflos in eisiger Nacht
Opfer fliegen 1. Klasse
Angst auf der Autobahn
Mörderischer Stammbaum
Im Wettbüro des Teufels

1. Taubenmord

Die Novembersonne schien auf den Belmorte-Park; und Oskar – Gabys Cocker-Spaniel – schnupperte den Grünstreifen ab neben dem asphaltierten Spazierweg. Federn lagen dort im herbstwelken Gras, an einigen klebte Blut.

Tim kniff die Augen schmal. Ja, dachte er. Blut! Das ist Blut! Taubenfedern und Blut. Schon die fünfte Stelle mit diesen makabren Spuren. Hat hier ein Habichts-Schwarm gewütet?

„Oskar!", rief Gaby ihren Hund. „Komm sofort her!"

Er kam. Rechts am Maul klebte ein flaumzartes Federchen. Gaby wischte es ab, und Oskar wurde angeleint.

„Da ist er noch rot", meinte Klößchen und schob sich die letzte Schokorippe zwischen die Zähne.

Diesmal bückte sich Computer-Karl, spuckte auf ein Papiertaschentuch und rieb den kleinen Blutfleck weg oberhalb Oskars rechter Lefze. Dort war das Fell weiß. Der rote Fleck hob sich ab.

„Ist frisches Blut!", sagte Karl.

TKKG bummelten hier, weil die Gegend als unsicher galt – neuerdings. Der Belmorte-Park schloss sich an die Grün-Auen an, die sich am Fluss entlangziehen – in südliche Richtung. Ein unübersichtliches Gebiet mit Parkplätzen an der Straße und verschlungenen Wegen. Jogger hecheln hier. Spaziergänger ergehen sich. Pärchen küssen sich von Bank zu Bank.

Und seit zwei Jahren trieb sich hier der ‚Beißer' herum. Ein Unhold. Er überfiel Frauen. Vornehmlich Blondinen. Und er biss ihnen in die Arme oder Schultern. Er trug zwar eine Maske, ließ aber seine Mundpartie unbedeckt.

Tim, der früher Tarzan genannt wurde, hatte sich hier schon mehrfach umgesehen, leider ohne auf den ‚Beißer' zu

stoßen. Trotzdem war die TKKG-Patrouille keine abwegige Idee, denn der Beißer schlug fast immer in der Mittagszeit zu.

„Schrecklich!“ Gaby schien in ihrer warmen Jacke zu schaudern. „All diese Federn künden von Tiertragödien. Raubvögel haben Tauben gerissen und die Beute weggeschleppt. Es ist wirklich beknackt von der Schöpfung, dass sie das so eingerichtet hat: dieses Fressen und gefressen werden.“

„Die Natur hat verdammt viel Mist gebaut“, nickte Karl. „Das sagt auch mein Vater. Und der hat Durchblick als Professor mit anerkanntem Weitblick.“

Tim rückte an seiner Baseballkappe, die er wie üblich mit dem Schirm nach hinten trug. Die Sonne blendete. Trotzdem sah er den Taubenschwarm.

Wie eine gefiederte Wolke stoben 20 oder mehr Tauben im Steilflug in die Höhe. Die Luft rauschte. Der Start war offensichtlich plötzlich erfolgt – hinter einer Gruppe dichter Büsche, schlappe 50 Schritte entfernt.

„Ph!“ machte der TKKG-Häuptling und fiel in ein sieggewohntes Mittelstreckentempo.

Seine Freunde trabten hinterher, aber er umrundete als Erster die Büsche.

Was er sah, verschlug ihm den Atem.

Ein Taubenmörder hatte soeben gewütet.

Zwei tote Tiere lagen auf dem Rasen – enthauptet, geköpft. Der Mann hielt einen meterlangen Stab in der Faust – vermutlich eine Eisenstange. Denn leicht war das Instrument nicht. Das verriet die Bewegung.

Er war groß, bullig, trug Turnschuhe, Jeans und eine schenkellange Jacke aus gewachstem, grünem Stoff. Auch der Schädel war bullig. Zwischen den Dumpfbacken hing ein blonder Schnurrbart.

Bei Tim, dem Tierfreund, brannten die Sicherungen durch.

Mit dem Schrei „Das sind meine Lieblingstauben!“, stürmte er los auf den Kerl.

Der glotzte verblüfft, begriff dann die Bedrohung und schwang zur Abwehr seine Eisenstange.

Ein Hieb. Blitzschnell duckte sich Tim drunter weg. Mit der Schulter rammte er den Schmerbauch. Gleichzeitig schmetterte die rechte Karate-Faust volle Pulle auf den Schnurrbart. Der Tiermörder überkugelte sich auf der Wiese. Bäuchlings blieb er liegen – mit dem Gesicht auf dem abgeschlagenen Kopf einer Taube.

„Ja! Gib's ihm! Dieser Sadist! Dieser Tierquäler!“

Gaby taumelte gegen ihren Freund, totenbleich, hatte Tränen in den Augen und ihre Stimme nicht mehr unter Kontrolle. Die Kehle zitterte. Die Worte klirrten.

Tim hatte beide Fäuste geballt und hoffte, dass der Fight noch nicht zu Ende sei. Nein, das wäre zu wenig Strafe gewesen für diesen Kerl.

Aber der blieb liegen, stöhnte, kroch einen Meter, stöhnte abermals und hob dann den Kopf.

In abgewandte Richtung stammelte er: „Aufhören! Aufhören! Ich... bin Inspektor. Ich bin von der Stadtverwaltung. Ich handele mit Recht.“

„Was?“, fuhr Tim ihn an. „Eine blödere Ausrede fällt Ihnen wohl nicht ein, wie?“

„Doch! Es stimmt. Es ist mein Auftrag. Wisst ihr das nicht? Ich wette, ihr wisst es. Aber ihr gehört sicherlich zu dieser Petra Delius. Die lässt nicht nach mit ihrem Zoff. Zur Hölle mit dem Weib!“

2. Im Kriminalmuseum

Graue Wolken drückten auf die österreichische Hauptstadt, auf Wien. Sturm war angesagt, und Petra Delius war ein bisschen besorgt. In knapp vier Stunden würde sie ins Flugzeug steigen, um in ihre Heimatstadt – in die TKKG-Stadt – zurückzufliegen. Hoffentlich wurde es ein ruhiger Flug und die Maschine schaukelte nicht so.

Petra flog nicht gern. Flugangst. Aber dagegen muss man/frau sich wehren. Petra überwandt sich immer wieder. Mit Übelkeit im Bauch und Angstschweiß auf bleicher Stirn stieg sie in die Maschinen.

In Wien hatte sie eine Freundin besucht. Johanna leitete ein Tierasyl. Heute war dort Hochbetrieb, Notfälle waren angesagt, und Johanna musste vor Ort sein. Aber am Morgen hatte sie Petras Flugkoffer zum Airport gefahren und in die Aufbewahrung gegeben.

Petra wurde also durch kein Gepäck behindert, als sie die verbleibende Zeit nutzte und durch die Stadt bummelte. Vier Stunden – die wollte sie nicht im Café hinter einer Tasse Melange verdösen. Nein, sie ließ sich treiben, folgte den malerischen Gassen in einem der ältesten Viertel – ohne genau zu wissen, in welchem Bezirk sie hier war – und entdeckte dann, schicksalhafterweise, ein graues Gebäude mit schmalen, hohen, vergitterten Fenstern.

‚Kriminalmuseum' stand über dem Eingang.

Dort war auch eine Tafel mit den Öffnungszeiten, und Petra dachte: warum nicht?

Ein altes Portal mit Glaseinsatz. Vorraum. Schwingtür. Hinter dem Tresen ein ältlicher Typ, der gerade ein Wurstbrot aus dem Papier wickelte.

Er biss ab, verlangte 20 Schilling für die Eintrittskarte, auf der er einen Fettfinger-Abdruck hinterließ, und zwinkerte Petra zu. Aber das war ein Augenfehler, kein Anmache-Versuch, wie Petra nach kurzer Verblüffung feststellte. Der Oldie war jenseits von gut und böse.

„Möchten Sie einen Katalog?“, fragte er.

„Fürchte ich mich, wenn ich den zu Hause aufschlage?“

Er lächelte und zwinkerte wieder. „Das hängt von Ihnen ab. Der Katalog ist sehr ausführlich. Kostet 150 Schilling.“

„Soviel habe ich noch übrig.“

Sie steckte die Hardcover-Ausgabe in ihre Umhängetasche, bezahlte und erhielt noch einen Handzettel mit der Führungslinie durch das zweistöckige Museum.

Zwölf saalartige Räume. Frauenmörder, Kindermörder Massenmörder, Attentäter, mordende Frauen...

Warum tue ich mir das an?, dachte Petra. So sensationsgeil bin ich doch nicht. Überhaupt – außer mir ist niemand da. Wenn so eine Wachsfigur plötzlich zum Leben erwacht, schreie ich bestimmt vergeblich um Hilfe. Der Opa deutet das wahrscheinlich als Entzücken. Außerdem ist er mit seinem Wurstbrot beschäftigt.

Ungezählte Fälle, echte, waren dokumentiert. Aus drei Jahrhunderten. Texte, Bilder, Fotos, Tatwerkzeuge, Nachbildungen der Täter und Opfer. Auf allem lag etwas Staub – offenbar sparte man hier am Personal – und der graue Schleier der Zeit.

Petra fröstelte. Manchmal sah sie nicht hin oder ging rasch weiter. Es war ein Panoptikum des Schreckens; und man konnte verzweifeln an den Menschen, zumindest an etlichen Vertretern dieser Gattung.

Petra Delius war 31, hatte Pädagogik studiert und eine missglückte Ehe hinter sich. Werner war eigentlich nicht übel – wie seine Freunde behaupteten – nur ein bisschen zu faul, zu selbstherrlich und zu grob. Er arbeitete als Vermögensberater und verdiente sich dumm und dämlich. Offenbar gab es noch genügend Leute mit Vermögen, die aber keine Ahnung hatten, was man damit tut und sich deshalb beraten ließen.

Petra war 183 cm groß, was die Partnerwahl einengte, schlank und hübsch mit ihrem blonden Pferdeschwanz, den großen grauen Augen und dem lebhaften Mund. Auf Eleganz hielt sie freilich nicht, sondern war gekleidet wie Rumpelstilzchens große Schwester.

Zur Zeit war sie auf Jobsuche – als Erzieherin – hatte aber noch nichts gefunden und lebte von der Abfindung, die ihr Werner – er war immerhin schon 47 – hatte zahlen müssen. Außerdem war Petra eine – fast fanatische – Tierschützerin. Und ihr Lieblingstier war die Taube. Sie liebte sie alle: die Felsentaube, von der die Haustaubenrassen abstammen, die Hohltaube, die Ringel-, die Turtel- und die Türkentaube.

Jetzt schlenderte sie durch die Abteilung der Frauenmörder und schwankte – gefühlsmäßig – zwischen Ekel und Neugier.

An Exponat Nr. 17 – der Dokumentation über einen besonders üblen Typ – wollte sie schon vorbeigehen, als ihr Blick auf den Namen fiel.

Kovechluser...

Abrupt blieb sie stehen. Dieser Name! Den gab's doch nur einmal. Zumindest hatte Kovechluser das behauptet in seinem letzten Zeitungsinterview. Ja, da hatte ihr Erzfeind – dieser Dreckskerl! – klagend und wichtigtuerisch – vermerkt, dass sein Name mit ihm aussterbe. Da er ja leider keine Kinder habe.

Kovechluser...

Petras Herzschlag hatte ausgesetzt. Jetzt hämmerte der Hohlmuskel gegen ihre Rippen und sie begann zu lesen über die grausigen Taten eines gewissen Friedrich Ko-

vechluser, der von 1867 bis 1902 gelebt hatte. Dann hatte man ihn hingerichtet.

Petra las und ihr Gesicht glühte wie im Fieber.

3. Fütterungsverbot

Es sind… es waren Türkentauben, dachte Tim. Sehe ich. Ja, an dem breiten weißen Endstreifen am Schwanz ist die deutlich auszumachen.

Die Sonne schien noch immer. Gaby schluchzte. Klößchen und Karl waren wutrot im Gesicht. Der Bullige kroch auf dem Boden herum. Der Eisenstab lag neben einem Taubenkadaver. Ein Stück entfernt stand ein halbgefüllter Segeltuchsack.

Die Öffnung klaffte auf.

Tim glaubte, er sehe nicht richtig.

Tote Tauben, enthauptet und blutig, füllten den Sack.

„Der schlägt sie tot und sammelt sie ein", sagte Tim durch die Zähne. „Wahrscheinlich verkauft er sie an einen Fresstempel. Dort stehen sie dann als Taubenbrüstchen in Champagnersoße auf der Speisekarte. Bei dem Gedanken kommen mir die Beilagen hoch."

„Mistkerl!"

Gaby versetzte dem Mann einen Tritt in die Rückseite. Er schrie auf.

„Lass das! Ich bin im Recht! Wie oft soll ich das sagen! Ich bin Beauftragter der Stadtverwaltung. Der Beschluss wurde bekannt gemacht. Aktion gegen die Taubenplage. Jawohl!"

„Was wurde bekannt gemacht?", fragte Tim.

Der Mann richtete sich auf. Seine Oberlippe blutete und schwoll an. Er hatte fischige Augen, die jetzt ängstlich blickten, und war noch etwas wackelig auf den Beinen.

Aber er griff unter die Jacke und zeigte seinen Dienstausweis.

„Die Aktion gegen die Taubenplage, die wurde bekannt gemacht!", trumpfte er auf. „Allgemeines Fütterungsverbot. Giftköder werden ausgelegt. Und ich bin beauftragt, diese … diese Ratten der Lüfte totzuschlagen."

„Eine Ratte sind höchstens Sie", sagte Tim. „Eine fette." Er riss ihm den Ausweis aus der Hand.

Der Mann hieß Helmut Bierröder, war tatsächlich städtischer Angestellter, bzw. Beamter, und im Range eines Inspektors.

Mit spitzen Fingern gab ihm Tim den Ausweis zurück.

„Wenn Sie jetzt glauben, dass ich mich entschuldige, sind Sie schief gewickelt."

„Ich darf eine Entschuldigung erwarten."

„Sie dürfen erwarten, dass Sie noch eins in die Zähne kriegen, wenn Sie mit diesem Massaker weitermachen. Dann frühstücken Sie Ihren Schnurrbart mit Ketschup."

„Ich tue nur meine Pflicht."

„Weil's von oben befohlen wurde, wie? Ekelhaft! Wie brutal und gefühlsarm muss man denn sein, um so einen Auftrag auszuführen? Man könnte auch ablehnen und sich auf sein Gewissen berufen. Sie Beamter! Man könnte sogar Front machen gegen die ganze Aktion. Aber Ihnen macht das Töten Spaß. Da bin ich mir sicher."

„Ich tue nur meine Pflicht", beharrte Bierröder.

„Verschwinden Sie, bevor ich ausraste!"

Bierröder bückte sich und wollte seinen Totschläger aufheben.

Tim stellte den Fuß darauf.

„Das Ding bleibt hier!"

„Das ist städtisches Eigentum. Ich …"

„Mann!", fiel Tim ihm ins Wort und machte einen Schritt vorwärts.

Bierröder wich zurück, griff dann nach dem Segeltuchsack, was Tim zuließ, und entfernte sich im Rückwärtsgang, erst langsam, dann mit Geradeausschritt im Eiltempo.

Gaby lehnte sich an Tims Schulter.

„Das darf doch nicht wahr sein“, flüsterte sie. „Vorige Woche, als ich erkältet war, war ich nicht bei der Versammlung vom Tierschutzverein. Obwohl man alle zusammengetrommelt hat. Wegen brandheißer Themen. Wahrscheinlich war da... Wahrscheinlich hat man Proteste formuliert. Aber die Politiker tun ja doch, was sie wollen.“

Tim legte tröstend beide Arme um seine Freundin. Mehr konnte er im Moment nicht bieten.

„Ich entsinne mich“, sagte Karl und polierte zum dritten Mal seine Nickelbrille. „Es stand in der Zeitung. Der Beschluss war noch nicht gefasst. Aber das Vorhaben wurde bekannt gegeben. Ja, die wollen tatsächlich sämtliche Tauben im Stadtgebiet ausrotten.“

„Weshalb?“, fragte Klößchen. „Die sind doch nett, hübsch und friedlich. Sie tun niemandem was, und die Omas füttern sie gern. Ich mag Tauben. Lebend, meine ich. Nicht gebraten.“

„Aber sie kacken“, sagte Karl. „Tauben hinterlassen Dreck.“

„Also, ich auch!“, meinte Klößchen. „Ich...“

„Wissen wir!“ sagte Tim. „Wenn einer diesen Planeten verdreckt und zerstört – dann der Mensch. Nicht die Taube. Aber die kann sich noch weniger wehren als die Wehrlosen. Ein willkommenes Opfer.“

„Ich werde mit Petra reden!“, rief Gaby.

„Mit wem?“

„Petra Delius.“

„Den Namen hat doch der Schweinekerl vorhin genannt“, sagte Tim. „Wir würden zu der gehören.“

„Was die Gesinnung betrifft“, erklärte seine Freundin, „gehören wir wirklich zu ihr. Petra ist ein neues Mitglied im Tierschutzverein. Sie setzt sich für die Tauben ein. Und wie! Sie weiß sicherlich Einzelheiten. Mit ihr müssen wir reden."

„Federführend gegen das friedliche Federvieh", erklärte Karl, „ist der Stadtrat Kovechluser. Ist 'n Bauunternehmer, glaube ich. So ein fetter Sülzkopf, dem nur das Gemeinwohl am Herzen liegt – angeblich. Damit meint er sein Einkommen. Jedenfalls gehört er zu denen, die behaupten, dass Taubenkot so ungefähr wie Salzsäure wäre. Bei Berührung ätzt die Kacke durch bis auf die Knochen, und so wäre es auch bei den Bauten, bei Mauern und Dächern, bei Hausfronten und Baudenkmälern. Kaum kackt eine Taube drauf, zerbröselt alles. Das ist sein Argument. Hahahahah!"

„Das ist nicht zum Lachen", rief Gaby.

„Pfote, ich mach' doch nur in Galgenhumor", beschwichtigte Karl.

„Jedenfalls werden wir uns einschalten", sagte Tim. „Bei dieser Heuchelei sehe ich nicht zu. Artenreichtum haben wir bald nicht mehr auf unserem Planeten, Artensterben dagegen jede Menge. Da sollte der Artenschutz auch für die Taube gelten. Gebongt?"

Zu einer Antwort seiner Freunde kam es nicht mehr, denn in diesem Moment hörten alle den Schrei – den gellenden, gleichwohl ziemlich weit entfernten Schrei einer Frau.

4. Der Beißer verliert einen Zahn

Helga wusste natürlich, dass die Gegend gefährlich war. Ja, dieser Unhold! Sie hatte von ihm in der Zeitung gelesen. Offenbar ein Psychopath, ein Nervenkranker, beißwütig und beknackt. Vor dem musste man sich vorsehen. Logo! Aber Helga war Großstädterin, und in einer Großstadt passiert so manches. Das stumpft ab. Entweder man wird übervorsichtig oder Leichtsinn wird zum täglichen Begleiter.

Helga war sportlich. Helga joggte gern. Mindestens dreimal pro Woche lief sie mittags durch die Grün-Auen bis hinunter zum Fluss – und dann zurück durch den Belmorte-Park. Satte sechs Kilometer waren das; und Isabella – die kleine Mischlingshündin – lief voller Freude mit.

Helga Hoppenheide war 29, Übersetzerin für Chinesisch und hübsch. Sie trug einen roten Trainingsanzug und genoss die wärmenden Strahlen der Mittagssonne.

Zwei Kilometer waren geschafft. Schweiß auf dem Rücken. Einsam die Gegend. Weit und breit kein Mensch. Isabella stöberte Buchfinken auf und Helga lief ihrem Verhängnis entgegen.

Der Unhold, von der Presse ‚Beißer' getauft, lauerte hinter einem Baum. Ein großer, wuchtiger Kerl war's – maskiert mit Strumpfmaske. Die war neu. Die alte Maske war inzwischen verschwitzt und muffelte. Er hatte sie in die Restmülltonne geworfen, trug jetzt die neue Maske und hatte vergessen – wie ihm soeben einfiel – den unteren Rand abzutrennen, damit er zubeißen konnte.

Hastig riss er die Wolle bis zur Oberlippe auf. Dann lugte er hinter dem Stamm der Buche hervor.

Der Baum stand dicht am Weg. Die Joggerin näherte sich. Sie musste an ihm vorbei. Und er würde sie packen und… Seine Zähne mahlten aufeinander. In Gedanken

spürte er schon, wie sie sich durch den Stoff in den Arm bohren würden.

Was für ein Erlebnis!

Jetzt rannte der Köter an ihm vorbei, verharrte, schaute her, wedelte freundlich.

Mistvieh! Köter! Hau ab! Du verrätst mich.

Er hörte die Schritte. Noch einen Blick. Da war sie. Und sie sah ihn. Aber sie konnte nicht mehr ausweichen.

Ein Sprung. Sie prallte zurück. Er packte sie hart.

Gellend schrie sie auf.

„Neiiiiiiiiiinnnnnnnn…“

*

Tim sauste los wie von der Sehne geschnellt. Die Richtung war klar. Der Schrei, der immer noch in der Luft hing, war für ihn wie ein Wegweiser.

Eine Frau schrie. Etwa ein Überfall? Der ‚Beißer‘? Das wäre ja, dachte der TKKG-Häuptling, als würden alle Events zusammengelegt. Jetzt und hier, da wir schon mal da sind.

Er sprintete querbeet. Natürlich folgten seine Freunde hinterdrein, doch er ist nun mal der Schnellste, wurde aber in diesem Moment von Oskar überholt, der sich offenbar losgerissen hatte, denn seine Leine schleifte mit und dem Vierpfoter hing die Zunge aus dem Maul. War ihm ein Duft in die Nase gestiegen?

„Oskar!“, brüllte Tim.

Doch Gabys Liebling preschte durch die Büsche, hechelnd und winselnd. Im Allgemeinen benimmt er sich so nur, wenn er verliebt ist.

Der Schrei war verklungen. Tim zwängte sich durch Büsche. Die Richtung führte zum Fluss. Jetzt war ein Schluchzen zu hören. Dann hatte Tim den Weg erreicht und stürzte fast über die Frau.

Eine Frau im roten Jogginganzug. Sie lag am Boden, richtete sich jetzt etwas auf und hielt sich die Schulter, schmerzverzerrt das Gesicht. Oskar war bei ihr, interessierte sich aber nicht für die Läuferin, sondern nur für die kleine Mischlingshündin, die offenbar der Frau gehörte.

Tin kniete neben ihr.

„Gestürzt? Oder…"

„Überfall!", stieß sie zitternd hervor. „Ich wurde überfallen. Ein Maskierter. Er… er hat mich in den Arm gebissen, ins Handgelenk. Wie ein… Raubtier. Das war dieser… Unhold."

„Wohin ist er?"

Tim half ihr auf die Füße und dachte mehr an Verfolgung als an Erste Hilfe. Denn schwer verletzt war die Frau offenbar nicht. Außerdem waren Gaby, Karl und Klößchen gleich da.

„Dort entlang!" Die Frau wies auf den Weg Richtung Untermühle, also in südliche Richtung.

Tim gewahrte noch, wie Oskar die kleine Hündin mit Hingabe beschnupperte, dann rannte er weiter. Sicherlich – der ‚Beißer' hatte Vorsprung. Aber die Verfolgung war nicht aussichtslos.

„Er ist groß und kräftig", rief die Frau, „und maskiert."

Eine ziemlich allgemeine Beschreibung, dachte Tim. Alle Opfer haben ihn so beschrieben. Und dass er Zähne hat wie ein Wolf. Dieser abartige Mistkerl!

Büsche, Bäume, eine grüne Lunge der Großstadt. Die Blätter waren gefallen, das Laub dorrte. Der Geruch feuchter Erde hing in der Luft. Flussnah war die Landschaft fast undurchdringlich. Weiden und andere Sträucher flochten sich ineinander. Man musste auf den Wegen bleiben. Aber es gab viele; und Tim rannte auf gut Glück Richtung Untermühle, wo sich tatsächlich noch ein Mühlrad dreht und eine verfallene, alte Wassermühle sich selbst überlassen ist.

Hinter einer Biegung prallte er gegen den Mann.

Die Biegung war scharf. Tim sah ihn im letzten Moment. Der Weg ist hier schlauchschmal. Ausweichen war nicht mehr möglich.

Tim nahm eine Schulter nach vorn. Ein heftiger Zusammenstoß folgte. Der Mann, der in dieselbe Richtung wollte, wurde im Rücken getroffen, ging zu Boden und brüllte auf.

Tim sprang über ihn hinweg, fuhr herum, warf sich auf den Typ und stemmte ihm ein Knie zwischen die Schulterblätter.

„Hah! Das hättest du nicht gedacht, wie?“

„Bist du wahnsinnig?“, brüllte der Typ.

Er war groß und kräftig. Er trug Cordhosen und eine modische Wendejacke, die von beiden Seiten regendicht ist und trotzdem Luft durchlässt. Jetzt trug er die dunkle Seite außen und auf dem Kopf einen knautschbaren Regenhut, den man – zum Klumpen geballt – auch in die Tasche stecken kann. Der Hut saß fest.

Der Mann versuchte sich hochzustemmen und Tim abzuschütteln. Aber der kniete auf ihm wie 20 Zentner Blei.

„Du hast eben die Frau überfallen, Mann! Kein Widerstand – sonst schlage ich zu. Du kommst jetzt mit zu deinem Opfer. Damit sie dich identifiziert.“

„Was ist los?“

Er schlug hinter sich.

Tim gab ihm einen leichten Klaps ins Genick.

„Du kommst mit, Mann! Ich lass dich jetzt hoch. Aber keinen Fluchtversuch!“

„Ich habe niemanden überfallen. Was soll der Unsinn? Ich gehe spazieren. Ich brauche frische Luft.“

„Wir werden gleich sehen, was Sache ist."

Tim stand auf. Auch der Mann erhob sich. Wütend starrte er den TKKG-Häuptling an.

Hm! dachte der. Ist das der ‚Beißer'? Der Typ gefällt mir nicht. Nein, das ist kein gutes Gesicht. Ein unsympathischer Typ. Also könnte er's sein. Aber ein Beweis ist das natürlich nicht. Den muss die Frau jetzt liefern.

„Mein Name ist Lothar Redl", sagte der Mann unaufgefordert. „Ich kann mich ausweisen. Ich bin Fabrikant. Ich habe meinen Wagen bei der Untermühle geparkt und gehe hier spazieren. Ich habe niemanden überfallen. Ich konnte nicht ahnen, daß ich hier mit einem Verrückten zusammenstoße. Sonst wäre ich zu Hause geblieben. Alles klar?"

Tim musterte ihn. Zwischen Redls Wulstlippen schimmerte ein Pferdegebiss. Das Gesicht war fleischig. Die blonden Brauen erinnerten Tim an ausgediente Zahnbürsten. Klößchen benutzte sein Zahnpflege-Werkzeug immer solange, bis es krumm und schief war. Wie unsympathisch dieser Kerl ist, dachte Tim. Kalte Augen. Kalter Blick. Ein höhnischer Ausdruck in den Pupillen.

„Ein Verrückter bin ich nicht", sagte Tim. „Schlimmstenfalls übereifrig. Aber das ist immer noch besser als zurückgelehnt die Untaten zulassen." Er knipste sein – wie er meinte – dreckigstes Grinsen an. „Sie haben eine schöne Jacke, Herr Redl. Eine Wendejacke, wie? Innen hell-, außen dunkelblau." Und dann flunkerte er aufs Geratewohl: „Die Frau wurde von einem Typ in hellblauer Jacke überfallen. Also, los! Sie wissen ja, wo der Tatort ist."

„Ich weiß gar nichts, du unverschämter Lümmel!", brüllte Redl. „Und meine Jacke trage ich immer so. Die hellblaue Seite hat Flecke."

„Gehen wir!"

Tim machte eine einladende Geste, und Redl fügte sich,

wobei er allerdings mit den Zähnen knirschte, als zerbeiße er Nüsse.

Den kurzen Weg zurück. Am ‚Tatort' standen Tims Freunde und die Joggerin. Oskar war angeleint. Wegen Isabella, wie Tim später erfuhr, denn die war läufig und Gabys Hund in seinem Liebesrausch kaum noch zu bändigen. Die Frau lehnte an der Buche und war blass im Gesicht, hatte aber Schrecken und Schwächeanfall halbwegs überwunden.

Alle blickten Tim und seinem Fang entgegen. Redl schritt aufrecht, den Kopf erhoben. Er machte nicht den Eindruck wie jemand, den man auf frischer Tat ertappt hat.

„Er heißt Lothar Redl", sagte Tim ohne Einleitung. „Und trägt eine Wendejacke, innen hellblau. Könnte er's gewesen sein, Frau..."

Tim sah die Joggerin an.

Gaby sagte: „Das ist mein Freund Peter Carsten, Tim genannt. Tim, das ist Frau Helga Hoppenheide."

Helga blickte Redl an. Der starrte zurück.

„Ich... ich weiß nicht. Er trug eine... eine dunkle Jacke, glaube ich. Aber er war ja maskiert. Fehlt ihm ein Zahn?"

„Ein Zahn?", fragte Tim verblüfft. Dann begriff er. „Hat er hier einen verloren?"

Helga nickte und lächelte kläglich.

Karl holte ein Papiertaschentuch aus seiner Windbreaker-Jacke. Es war wie ein Päckchen gefaltet und enthielt einen Zahn. Einen menschlichen Zahn, etwas gelb verfärbt. Es war einer der vorderen Zähne aus dem Unterkiefer.

„Den hat er sich an Frau Helga ausgebissen", erläuterte Karl. „Natürlich nicht am Arm oder an der Schulter. Frau Helga ist ja nicht aus Holz. Aber beim ersten Biss wollte er ihr offenbar die Zähne ins Handgelenk schlagen. Dabei ist er aufs Metallband der Uhr gekommen. Und knacks! – der Zahn steckte dann im Sweatshirtärmel."

In die Schulter, dachte Tim, hat er sie also nicht gebissen. Obwohl's ihr da wehtat, als ich ankam. Offenbar hat sie sich beim Hinfallen verletzt.

Er wandte sich Redl zu.

Der grinste wie Flüssigseife, öffnete den Mund sperrangelweit und ließ sich hineinsehen.

Tim bückte sich etwas und prüfte Redls Gebiss wie ein Zahnarzt, allerdings ohne den Mann zu berühren.

Beide Zahnreihen waren lückenlos. Nichts fehlte. Vier Goldkronen schimmerten. Und die Zunge zeigte einen grauen Belag. Außerdem roch Redl nach Knoblauch.

„Damit sind Sie aus dem Schneider", sagte Tim. „Tut mir leid, dass ich Sie umgestoßen habe. Aber es hätte ja sein können."

„Was ist denn vorgefallen? Wurden Sie", Redl wandte sich an Helga, „von diesem Unhold angegriffen – diesem Beißer?"

Helga nickte. „Aber er hat sofort von mir abgelassen. Wahrscheinlich hat ihn der Zahnschmerz vertrieben."

Redl sah nicht aus, als werde er von Mitgefühl übermannt. Er murmelte, damit wäre ja der falsche Verdacht nun behoben, warf Tim noch einen vernichtenden Blick zu und trollte sich.

„Hm", meinte Tim. „Der Beißer war das offenbar nicht. Obwohl ich Redl zutrauen würde, dass er an weiblichen Armen nagt. Wie ist es, Frau Hoppenheide? Fällt Ihnen noch was ein zu dem Täter? Etwas, das zu seiner Festnahme führen könnte?"

Sie dachte nach, gab sich Mühe, war aber zu erschreckt gewesen, um irgendwelche Einzelheiten zu beboachten.

„Den Zahn", meinte Gaby, „bringen wir meinem Vater ins Präsidium. Ich glaube, das ist eine tolle Sache für die Fahndung. Nicht so gut wie ein Fingerabdruck, aber fast."

Gabys Vater, Kommissar Glockner, leitete die Ermittlungen gegen den Unbekannten. Aber leider ging da nichts voran. Und in der Presse hatte man sich schon kritisch geäußert, ohne freilich Gabys Vater in die Schusslinie zu nehmen.

Helga Hoppenheide war jetzt wieder total bei Fassung und erbot sich, TKKG samt Oskar zum Präsidium zu chauffieren.

Den Kids war das recht. Zu fünft einschließlich der beiden Vierbeiner sohlte man also zum Parkplatz an der Rieglauer Straße, wo Helga ihren Wagen geparkt hatte.

Einen Kleinwagen im sogenannten Kompakt-Format, zugeschnitten auf Single-Haushalte mit Hund. Schon zu zweit wurde es – personell – eng in dem Wägelchen. Und als sich alle hineingequetscht hatten, fühlten sich Karl und Klößchen wie Ölsardinen. Tim verdingte sich als Sitzpolster für Gaby und fand das toll. Ob sie wollte oder nicht – sie musste sich an ihn schmiegen, denn mehr Raum für Abstand war nicht vorhanden. Zumal auch Oskar hinten saß, denn den Beifahrersitz beanspruchte Helgas Hündin Isabella für sich.

Die Fahrt ging stadteinwärts.

„Komisch!“, meinte Karl nach einiger Zeit bewusster Flachatmung.

„Was amüsiert dich?“, fragte Tim.

„Ich kenne den Redl von irgendwoher.“

„Von persönlicher Begegnung?“

„Nein. Das wohl nicht. Das wüsste ich. Aber, ja, ich glaube, ich habe sein Foto in der Zeitung gesehen.“

„Was ist er?“ Klößchen gähnte. „Ein Popidol?“

„Hahah! Nein! Was noch Unsympathischeres. Aber ich komme nicht drauf.“

„Karl!“, flötete Gaby. „Wo bleibt dein Gedächtnis?“

„Es ist immer noch vorhanden", grinste er. „Aber manchmal geht der Deckel nicht auf. Das passiert den schärfsten Denkern."

„Den Zustand kenne ich", nickte Klößchen. „Meistens passiert mir das während der Klassenarbeiten. Wenn ich dann Tim nicht zum Spicken hätte, wäre ich wohl immer noch in der Grundschule."

„Keine Sorge!", meinte Tim. „Dich bringe ich auch durchs Abitur. Aber ein Einser-Schnitt wird's nicht."

Gabys Wange berührte ihn dort, wo er sich ab und zu schon rasiert. „Weißt du", meinte seine Freundin, „das mit den Tauben erschüttert mich wahnsinnig. Da müssen wir was tun! Umfragen machen! Stimmen sammeln! Auf die Volksvertreter einwirken! Die Stadträte können sich doch nicht aufspielen wie göttliche Schicksalsverfüger – nur weil sie das Wahlvolk erfolgreich belabert und nun ihren Sitz haben. Mit Mandat. Mit Auftrag fürs Gemeinwohl."

„Ein Politiker fühlt sich nur seinem Gewissen verpflichtet", erklärte Karl. „Das gilt als Entschuldigung für jeden Mist, für jede Fehlentscheidung."

„Dann müssen wir den Dumpfbacken eben mal beibringen", sagte Tim, „was das ist – ein Gewissen. Wir werden uns schlau machen – und dann ran an die Entscheidungsträger!"

5. Stiller Teilhaber beim Kleinen

Lothar Redl war wütend.

Unverschämt, dieser Lümmel! Ihn so umzuwerfen? So zu behandeln! Und so zu verdächtigen! Diese Jugend von heute!!! Hat die überhaupt noch Wertvorstellungen und Leitbilder?, fragte er sich. Natürlich nicht. Die wollen nur alles leicht haben, Randale machen und Partys feiern. Jawohl!

Redl kannte nur ganz wenige Jugendliche. Aber sein Vorurteil war gefestigt.

Er war zu seinem Wagen geschlurft, war dann in die City gefahren und ins Bankhaus Cash & Lappen gegangen, wo er ein Geschäftskonto unterhielt.

Es war inzwischen 14.37 Uhr geworden, und der Himmel über der Stadt überzog sich langsam mit einer grauen Wolkendecke.

Aber auch bei Sonnenschein wäre es eine schicksalhafte Begegnung geworden.

Denn als Redl das Bankhaus verließ, ging im Vorraum – wo auch der Geldautomat war – ein Typ an ihm vorbei: klein, bullig, bekleidet mit einem grauen Parka.

Redl trat ins Freie, überlegte kurz, folgte einem Instinkt und machte kehrt.

Die Glastür zwischen dem Vorraum der Bank und der Schalterhalle lag seitlich. Von der Straße aus konnte man nicht hineinsehen ins Innere des Geldinstituts. Und jetzt klemmte innen ein Keil unter der Tür – ein schlanker Plastikkeil.

Redl atmete heftig. Sein Instinkt! Nein, nicht nur! Etwas in der Haltung des Typs hatte ihn alarmiert. Diese starre Miene. Diese übermäßige Anspannung in den Zügen.

Redl trat zur Zwischentür und spähte in die Halle.

Der Bankräuber hatte sich maskiert. Mit grauer Sturmhaube, was eigentlich mehr eisigen Januar-Temperaturen entspricht, aber jetzt durchaus seinen Zweck erfüllte. In der Hand hielt der Typ eine kleine Pistole. Eine Tränengaspistole, wie Redl erkannte. Aber andere würden das nicht erkennen. Denn sie gleicht einer scharfen Waffe total. Und nicht mal Redl war sich sicher. Obschon er sich als Waffennarr verstand. Ja, er sammelte Schusswaffen. Illegal hatte sich zu Hause ein Arsenal angesammelt; und auch jetzt trug er eine Pistole in einem Lederhalfter an der Hüfte. Er hielt das für zulässig. Drohte doch – wie er meinte – an jeder Ecke ein Überfall. Und am liebsten hätte er, Redl, auch diesem Peter Carsten, Tim genannt, seine Waffe unter die Nase gehalten. Hatte dann aber klugerweise darauf verzichtet. Denn der Bursche war höllisch schnell und gewandt.

Jetzt hielt Redl den Atem an und spähte.

Kein Kunde war in der Halle.

Hinter den Schaltern fünf Angestellte.

Eben wurde der Gangster an der Kasse bedient.

Die Kassiererin, total verängstigt und schlotternd als stünde sie barfuß im Schnee, stopfte Banknoten in die Falttasche, die der Typ mitgebracht hatte.

Redl beeilte sich, wieder auf die Straße zu kommen.

Es war mitten in der Fußgänger-Zone – die Bernhäuser Straße überfüllt wie immer.

Redl postierte sich vor einem Feinkostgeschäft und wartete.

Nach einer Minute kam der Typ aus der Bank, eilig, aber ohne auffällige Hast. Natürlich hatte er Pistole und Wollmaske weggesteckt. Ein semmelblonder Typ mit rundem Schädel, knapp einssechzig groß, etwa dreißig.

Ja, das ist er!, dachte Redl. Der ‚Kleine'! So hatte ihn die Presse genannt. Der war inzwischen berüchtigt.

Ein Witz!, dachte Redl. Mich haben diese Kids für den ‚Beißer' gehalten, und mir läuft jetzt der ‚Kleine' über den Weg. Unsere Stadt ist wirklich ein heißes Pflaster. Ja, hier kann alles passieren.

Der Bankräuber verschwand um die Ecke in die Riedacker Straße. Redl sockte hinterher.

Selvin Platz. Oberer Marktweg.

Im Hintergrund heulte die Alarmsirene der Bank. Dort rang man sicherlich die Hände. Die Kassiererin nahm Beruhigungstropfen. Und vielleicht hatte sich einer der männlichen Bankangestellten in die Hose gemacht. Aber das war immer noch besser als den Helden zu spielen mit anschließender Beerdigung zu eigenen Kosten.

Diese Dreistigkeit!

Redl hätte den ‚Kleinen' beinahe bewundert.

Nur zweimal sah der sich um, flüchtig. Jetzt lief er die Stufen zur U-Bahn hinunter. Eben fuhr der Zug ein, rumpelnd und dröhnend.

Der ‚Kleine' stieg in den letzten Wagen. Der war leer. Hier waren sie allein.

Der ‚Kleine' setzte sich, hob den Blick, sah Redl und erkannte ihn wieder.

Redl weidete sich an dem Schrecken.

„Keine Dummheiten!" Er zog seine Pistole, eine Walker 7.65, etwas unter der Windjacke hervor. „Die ist echt, Freundchen. Du hast nur Tränengas."

Der ‚Kleine' glotzte und schwieg.

Dann: „Sind Sie… ein Bulle?"

„Ich bin kein Bulle. Ich bin dein stiller Teilhaber."

„Was?"

Schon vorhin, als er vor der Bank wartete, hatte Redl die Idee ausgebrütet. Sie war genial. Und wenn's um Geld ging, kannte Redl nichts. Geld – das war doch der Schlüssel zum

Glück. Oder etwa nicht? Mit Geld konnte man fast alles kriegen auf dieser Welt. Ohne Moos sah's belämmert aus im Allgemeinen und im Besonderen. Oder etwa nicht?

„Wieviel hast du?“, fragte Redl. „20000? 30000? Ich helfe dir beim Zählen. Dann machen wir halbe-halbe. Das ist deine einzige Chance. Ist ja immerhin dein sechster Banküberfall.“

„Was? Wieso? Wovon reden Sie? Mann, wie kommen Sie auf sowas?“

„Frag nicht so blöd! Die Beschreibung des Täters, des Kleinen, war jedesmal gleich. Insgesamt hast du bis heute 200000 abgeräumt. Seit dem Frühsommer. Wo ist die Kohle?“

Aus der Nähe hatte der Semmelblonde ein hartes Gesicht.

„Das... Also hören Sie...“, er schwitzte. „Wir können... Ich verwahre mich gegen so eine Beschuldigung. Ich fühle mich bedroht. Sie haben eine Waffe und...“

„Wo du deine Kohle hast, will ich wissen!“

Der ‚Kleine‘ atmete scharf. Er zischte durch die Zähne. Aber er schien endlich zu begreifen, dass ihm Ausflüchte nicht halfen.

„Das Geld habe ich ausgegeben. Habe Schulden bezahlt. Oder denken Sie, ich mache die Überfälle aus Lust am Abenteuer. Da wüsste ich was Besseres. Bungeejumping oder Rafting *(Befahren von Stromschnellen mit einem Schlauchboot)*. Falls Sie wissen, was das ist. Bei einem bescheuerten Pistolenträger wie Ihnen ist ja alles möglich – auch das totale Von-gestern-sein.“

Er wird frech, dachte Redl. Er sitzt in der Falle wie eine Ratte mit dem Rücken an 'ner Betonwand. Er beißt um sich, der Kleine. Aber dem werde ich zeigen, wer hier der Chef ist.

ALSO GUT, ICH HEISSE HOLGER LEWATSKI.

„Name!“

„Was?“

„Wie du heißt? Sagst du’s? Oder soll ich dir ins Knie schießen und dich der Polizei übergeben?“

„Dann wäre es aber nichts mit halbe-halbe.“

„Ich bin nicht darauf angewiesen, Kleiner. Ich komme auch ohne das sehr gut zurecht.“

„Äh… Also gut. Ich heiße Holger Lewatzki.“

„Wohnst du allein?“

Lewatzki nickte. „Und wie heißen Sie?“

Redl grinste. „Das wirst du nie erfahren. Jedenfalls nicht von mir. Was du nicht weißt, kannst du den Bullen nicht verpfeifen. Falls die dich erwischen. Meine Beschreibung würde nicht viel bringen. So wie ich sehen Hunderte aus. Außerdem bin ich nicht von hier“, log er, „sondern… Egal! Ich komme häufig in die Stadt. Und du bist jetzt mein Goldesel.“

„Was… was meinen Sie damit?“

„Als dein stiller Teilhaber, Lewatzki, kassiere ich bei jedem Überfall. Heute kriege ich die Hälfte. Auch von dem was noch übrig ist von den 200 000. Denn da ist noch gewaltig viel übrig. Habe ich Recht?“

„Nein. Nichts ist übrig.“

„Das kannst du jemandem erzählen, der für seine Unterhose eine Gebrauchsanweisung braucht. Deine Bude, Freundchen, die stellen wir auf den Kopf. Da wird sich zeigen, was noch da ist. Ich kriege also die Hälfte. Aber bei deinen künftigen Coups bin ich bescheidener. Da nehme ich nur 40 Prozent. Damit du die Lust nicht verlierst. Klar?“

„Das war heute mein letzter Überfall.“

„Wie? Ich höre wohl nicht recht!“

„Ich mache das nicht mehr. Mit meinen Schulden bin ich fertig.“

„Du wirst weitermachen, Lewatzki! Mindestens einmal im Monat. Und immer so schön clever wie bisher. Ich erfahre ja alles aus der Zeitung. Den Kleinen erkennt man. Ich erfahre auch, wie hoch die Beute ist. Du machst weiter! Zier dich nicht. Du hast keine Wahl.“

Sie starrten sich an. Lewatzki senkte den Blick.

Die U-Bahn donnerte über die Gleise. Nächster Halt. Leute stiegen ein. Abfahrt. Redl hatte sich neben Lewatzki gesetzt. Sie redeten nicht mehr. Der Bankräuber hielt die Falttasche mit dem Geld. Nächster Halt. Lewatzki stand auf.

Redl ging mit ihm.

Die Rolltreppe hoch. Ein Vorort. Eine eher miese Gegend. Der Tag war jetzt grau, und durch die Straßen pfiff kalter Wind.

Redl hatte seine Pistole in die Jackentasche gesteckt und ließ die Hand am Kolben.

Sie schritten nebeneinander. Lewatzki schien sich zu fügen. Er wohnte in einer kahlen, unschönen Straße – und natürlich hatte er gelogen. Von den 196000 – soviel betrug die bisherige Beute exakt – hatte er über 120000 in seiner Wohnung versteckt. Dazu kamen 22000 DM von heute.

Sämtliche Taschen an Redl waren prall mit Barem gefüllt, als er Lewatzkis Wohnung verließ. Natürlich – der ‚Kleine‘ kochte vor Wut. Aber er wußte auch, daß er froh sein konnte. Er hatte einen Komplicen gewonnen – wie Redl das ausdrückte – und war nicht bei den Bullen gelandet.

Auf dem Weg zur U-Bahn-Station achtete Redl darauf, daß ihm Lewatzki nicht folgte. Zurück! Und zum Parkplatz nahe der Fußgänger-Zone. Beim Bankhaus Cash & Lappen war alles wie vorher. Allerdings stand an der Ecke ein Polizeifahrzeug.

Redl holte seinen Wagen und fuhr heim. Er war Single. Im Umland, wo er wohnte, betrieb er einen kleinen Betrieb, der bei den meisten Menschen nur Widerwillen hervorrief. Redl rechnete sich – großspurigerweise – zur chemischen Industrie. Er produzierte Gifte. Rattengift, Insektengift und neuerdings vor allem Giftköder für Tauben. Schon etliche Umweltämter der Städte bezogen die todbringenden Produkte bei ihm. Und Bernhard Kovechluser, Stadtrat und Taubenfeind Nummer eins, war ein guter Freund von ihm.

Über 70 000 einfach so abgesahnt, dachte Redl. Wenn das kein Glückstag ist! Heute Abend gieße ich einen auf die Lampe. Ja, das muss gefeiert werden.

6. Sechsundzwanzig Überfälle

Kommissar Glockner kam gerade von einem Meeting mit dem Polizeipräsidenten und anderen führenden Köpfen, hatte eigentlich keine Zeit, nahm sie sich dann aber doch, als ihm Gaby – nach dem Begrüßungsbussi – Helga Hoppenheide vorstellte. Denn die war auf Drängen der Kids mitgekommen, um hier an richtigster Stelle ihre Aussage zu machen.

Dabei kam allerdings nichts Neues heraus. Glockners Assi übernahm das Protokoll. Helga, die am frühen Nachmittag einen beruflichen Termin hatte, verabschiedete sich dann. Und Tim berichtete, was es über Redl zu sagen gab.

„... aber leider eine tote Fährte, Herr Glockner."

Gabys Vater saß hinter dem Schreibtisch und kippelte mit seinem Drehstuhl.

„Lothar Redl?" Glockner furchte die Stirn. „Ist das der Giftköder-Redl?"

Die Kids schauten verblüfft. Dann klatschte sich Karl vor die Stirn.

„Klar! Jetzt hab ich's wieder. Ja, in dem Zusammenhang habe ich Redls Foto in der Zeitung gesehen. Ich wusste doch, dass es was Mieses war. Ja", wandte er sich an seine Freunde, „dieser Redl hat eine kleine Fabrikation für Ungeziefer-Vernichtungsmittel. Mäusetod, extra-stark, zum Beispiel. Wirkt auch bei einer gen-manipulierten Supermaus. Pfui, Teufel! Ja, Redl stellt die Giftköder her, mit denen Tauben vergiftet werden. Das Zeug schmeckt sicherlich wie erstklassiges Federvieh-Futter, wirkt aber tödlich wie der Elektrische Stuhl."

Stille. Dann sagte Gaby: „Ich bin froh, Tim, dass du diesen Kerl umgeworfen hast. Hättest noch auf ihm rumtrampeln sollen."

„Gaby!“ Es sollte missbilligend klingen. Aber Glockner hätte beinahe gelächelt. „Ich verstehe ja deine Tierliebe. Die Herstellung von Giftfutter ist ebenso schändlich wie die Rüstungsindustrie, die Produktion von Kriegswaffen. Aber Redls Tun ist leider legal. Deshalb könnt ihr nicht gegen ihn vorgehen.“

„Manchmal steht die Welt Kopf, Papi. Vieles, was furchtbar ist, wird erlaubt.“

Glockner nickte mit leichtem Zögern.

Er vertritt das Gesetz, dachte Tim. Er kann uns nicht anheizen, draufzuhauen in so einer Sache. Aber er denkt wie wir. Ist ja irre heute mal wieder. Erst Bierröder, der Taubenschlächter. Und dann dieser Redl. Unverdächtig als Beißer. Aber Zulieferer in Sachen Taubenmord. Vielleicht ist der Kerl dort rumspaziert, um Bierröder den Job zu erschweren. Logo! Wenn der mit seinem Totschläger köpft, geht bei Redl der Absatz zurück, weil die Nachfrage sinkt und damit der Umsatz sich mindert. Aber mit seiner tödlichen Handarbeit wird Bierröder die Fabrikanten-Existenz nicht gefährden. Nein, dem einen wie dem andern muss man härter kommen. Aber davon sagen wir Gabys Vater nichts. Sonst gerät er in einen Gewissenskonflikt.

„...sind Tauben meine gefiederten Freunde“, sagte Gaby gerade. „Andere schimpfen auf sie als Ratten der Lüfte. Und diese Sicht hat sich offenbar durchgesetzt. Deshalb der Taubenmord durch Köpfe abschlagen, deshalb das Auslegen von Giftködern, deshalb das Fütterungsverbot bei Strafe. Himmel, sind wir noch in der Mitte des Jahrhunderts? Ausrotten, ausrotten, ausrotten. Hat denn niemand dazugelernt?“

„Angeblich ätzt der Kot“, sagte Karl mit grimmigem Grinsen. „Das verursacht Gesundheitsgefahren. Jaja. Und Bauschäden in Millionenhöhe. Jaja.“

„Blödsinn!“, fauchte Gaby. „Außerdem lässt sich die Kacke mit Wasser abwaschen. 99 Prozent der Gebäudeschäden werden durch Autoabgase erzeugt. Will deshalb jemand die Autos abschaffen? Sollen die Fahrer Giftköder schlucken?“

„Wenn sie lange genug im Stau stehen“, grinste Klößchen, „atmen sie Gift wie in ’ner Gaskammer. Und das produzieren sie sogar selbst. Ist doch als Strafe super.“

„Ich bin auch gegen das Fütterungsverbot“, sagte Glockner. „Allerdings sollte man mit Überlegung füttern. Das heißt: nicht Unmengen. Denn ein Überangebot an Nahrung führt in der Natur ja auch immer zu einer Überpopulation, also zu zuviel Nachwuchs, was dann ein Ungleichgewicht in der Natur herstellt. Wenn man Stadttauben mästet, brüten sie nicht nur zweimal im Jahr – wie die Natur es vorsieht –, sondern ständig. Und für die Jungvögel fehlt’s dann hinten und vorn.“

„Das will ja auch niemand, Papi!“ Gabys Stimme kiekste. „Aber zwischen Vergiften und Köpfe abschlagen und normaler, artgerechter Fütterung ist doch ein Unterschied. Oder sehe ich das zu eng?“

Glockner nickte. „Offenbar gibt es bei uns schon regelrechte Taubenhasser. Und die üben Selbstjustiz. Ich denke an die Vorkommnisse der letzten Zeit. Da wurden mehrfach alte Frauen, die Tauben gefüttert hatten, nicht nur angepöbelt und beschimpft, sondern in zwei Fällen sogar niedergeschlagen.“

„Siehst du!“, rief Gaby.

„Ich bin ja deiner Meinung, Tochter.“

„Hat man die Täter erwischt?“

„Leider nicht. Unerkannt entkommen. Und die Personenbeschreibung ist vage.“

„Es ist nicht zu fassen!“, murmelte Tim. „Alte Frauen

WENN SIE LANGE GENUG IM STAU STEHEN, ...

niederschlagen? Wer macht das? Ich könnte nicht mal 'ner Hexe eine langen."

„Hexen gibt's nicht", sagte Gaby.

„Da müsstest du mal meine Großmutter sehen aus väterlicher Linie!" Klößchen grinste. „Die kennt gegen jedes Wehwehchen einen Zaubertrank und um Mitternacht reitet sie auf dem Besen nach Hause."

„Mir ist nicht nach Witzen zu Mute", sagte Gaby. „Ich will den Tauben helfen."

Für einen Moment herrschte Schweigen.

Dann sagte Tim: „Das wäre also Punkt eins auf unserem Programm. Außerdem", er sah den Kommissar auffordernd an, „müssen die Patrouillen im Belmorte-Park und in den Grün-Auen verstärkt werden. Denn der Beißer beißt wieder. Auch wenn ihm jetzt ein Zahn fehlt."

Glockner nickte. „Leider beschränkt sich dieser Unhold nicht auf diese Gegend, Tim. In elf Grün-Gebieten der Stadt und des Umlandes hat er bis jetzt zugeschlagen. Und es kann morgen schon ganz woanders sein. Meine Kollegen können nicht überall Streife gehen. Dazu reicht unser Personal nicht."

„Seit zwei Jahren", sagte Tim, „sorgt der Typ für Verunsicherung."

„Das ist richtig. 26 Fälle sind bekannt."

„Kann man ein Verhaltensmuster feststellen?"

„Es sind immer blonde Frauen, die er sich als Opfer sucht. Sie sind immer zwischen 20 und 40. Er geht brutal gegen sie vor, ist maskiert, wird als groß und kräftig beschrieben, versucht, sich an den Frauen zu vergehen – was ihm in acht Fällen gelungen ist. 18 mal konnten sich die Opfer losreißen oder so laut um Hilfe rufen, dass er von ihnen abließ. Aber gebissen wurden sie alle. Ein Tick. Er beißt in Arme und Schultern. Ein regelrecht raubtierhaftes Verhalten."

Glockner betrachtete den Zahn, der vor ihm auf dem ausgebreiteten Papiertaschentuch lag.

Der Zahn war etwas gelblich verfärbt und samt Wurzel aus dem Unterkiefer herausgebrochen. Ansonsten sah der Zahn gesund aus, war jedenfalls nicht vom Zahnarzt plombiert worden.

„Hilft das was?“, fragte Tim.

„Der Zahn als solcher nicht. Aber wenn wir uns an die Zahnärzte wenden, erfahren wir vielleicht, um welchen Patienten wir uns kümmern müssen. Und dann ist der Zahn natürlich Beweisstück Nummer eins.“

„Wie machen Sie das bekannt?“

„Über die Presse. Es wird in allen Zeitungen stehen. Zusammen mit der Aufforderung an alle Zahnärzte, einen eventuellen Patienten zu melden. Da hört nämlich die ärztliche Schweigepflicht auf – ebenso wie bei Schussverletzungen. Auch die müssen gemeldet werden. Von den Vollmedizinern, den Ärzten.“

„Gut, dass ich das weiß“, witzelte Klößchen. „Wenn ich bei meinem nächsten Bankraub also eine Schrotkugel in die Hinterbacke kriege, muss ich das selbst auskurieren.“

Niemand lachte. Aber Glockner sagte: „Apropos Bankraub. Vorhin war wieder einer. Der Kleine – ich nehme an, von dem habt ihr in der Zeitung gelesen – hat das Bankhaus Cash & Lappen um 22000 erleichtert. Trotz der modernen ausgabeverzögernden Geldtresore ist ihm das gelungen. Es hat nur länger gedauert. Und deshalb hat er die Tür mit einem Keil blockiert. Der Kleine muss gute Nerven haben. Oder er ist dumm.“

Heißes Pflaster – unsere Stadt, dachte Tim. Irgendeine Katastrophe läuft immer.

Beim Kommissar drängte jetzt die Zeit und TKKG zogen ab. Draußen sah der Tag nun echt novemberlich aus und alle knöpften die Jacken zu oder schlossen das Reißverschlusssystem. Sogar Handschuhe hätte man/frau schon gebrauchen können und Gaby blies ab und zu fröstelnd auf ihre Finger.

7. Petras Erpressung

Petra Delius – die 183 cm große Pädagogin, Tierfreundin und Kämpferin für das Überleben der Tauben – kam am frühen Nachmittag mit dem Flieger aus Wien zurück.

Sie war immer noch aufgeregt. Ihr Herz pumperte. Ihre Entdeckung im Wiener Kriminalmuseum war geradezu ungeheuerlich. Und Petra hatte längst beschlossen, aus ihrem Wissen eine Waffe zu machen.

Trübes Licht. November. Mit dem Taxi heim ins Apartment. Den Koffer auspacken. Eine Tasse Kaffee. Die Schuhe wechseln. Mit ihren Gedanken war Petra bei Kovechluser, bei Bernhard Kovechluser, dem geldfetten Bauunternehmer, Stadtrat und Befürworter der Taubenvernichtung. Die Tiermorde und das Fütterungsverbot gingen auf sein Betreiben zurück.

15.52 Uhr.

Petra verließ ihre Single-Bleibe, holte den Kleinwagen aus der Tiefgarage und hatte wie üblich Probleme hinter dem Lenkrad. Der Sitz war zwar weit nach hinten geschoben. Aber für eine so stattliche Körpergröße wäre ein größeres Fahrzeug von Vorteil gewesen. Doch dazu reichten Petras Mittel nicht. Außerdem verachtete sie jeglichen Protz: Protzbunker, Protzschlitten, protziges Aufbrezeln, Protztypen und Angabe.

Petra fuhr durch die Innenstadt und dann hinaus zum Nobelvorort Seidenwalde.

Bernhard Kovechluser residierte dort in der Seidenwalder Allee. Sein Anwesen war nummeriert mit der 33.

Petra wußte: Es war nicht einfach zu Kovechluser vorzudringen, zu ‚einer Persönlichkeit des öffentlichen Lebens'. Aber die junge Frau schaffte es, nachdem sie einem tschechischen Hausmädchen weisgemacht hatte, sie wäre von der Presse und hätte ein spezielles Anliegen zum Nutzen des Hausherren.

Es war allgemein bekannt, dass Kovechluser seine Baufirma wie auch seine politischen Geschäfte von hier aus leitete: von seiner Seidenwalder Villa, einem mehrtraktigen Protzbunker der geldigsten Bauweise.

Petra wurde in ein Chefbüro geführt, in dem die Wände nach afrikanischem Edelholz aussahen. Couch und Sessel – dickpolsterig mit feinstem Leder – waren gemacht zum drauf rumfaulenzen.

„Chef kommt gleich", zwitscherte das Hausmädchen und verschwand.

Petra setzte sich in einen der Sessel.

Eine andere Tür öffnete sich und Kovechluser stürmte herein, ein breites Grinsen auf dem noch breiterem Gesicht. Aber das Grinsen fror ein.

Er hat mich erkannt, dachte Petra.

Wortlos setzte er sich hinter den Schreibtisch und ragte dort auf wie ein Berg Cornedbeef. Er war 49, rotgesichtig, massig, aber gorilla-flink. Die wenigen Haare besaßen keine erkennbare Farbe, die Augen waren eisblau. Er hielt die Lippen geschlossen und sprach wie üblich durch einen schmalen Spalt als hätte er den Mund voller Suppe und sei bemüht, nicht zu sprühen.

„Sie sind nicht von der Presse. Sie sind diese verrückte Taubentante."

„Guten Tag, Herr Kovechluser."

„Sie heißen Delius. Richtig?"

„Petra Delius."

„Und was wollen Sie?"

Petra lächelte kühl. „Eine delikate Angelegenheit, Herr Kovechluser."

„Delikat sind die Ratten der Lüfte nur, wenn man sie brät."

EINE DELIKATE ANGELEGENHEIT HERR KÜVECHLUSER.

„Eine delikate Angelegenheit, Herr Kovechluser", wiederholte Petra. „Über unsere gefiederten Freunde unterhalten wir uns später. Zunächst geht es indirekt um Sie."

„Und direkt?"

„Um Ihren Urgroßvater."

„Habe ich nicht."

„Jeder hat einen Urgroßvater. Sogar zwei."

„Meine Altvorderen sind schon lange verblichen."

„Allerdings."

Petra beobachtete ihr Gegenüber, wartete eine Reaktion ab. Aber das grobschlächtige Gesicht zeigte keine.

Petra strich ihr blondes Haar über die Schulter zurück.

„Ganz recht, Herr Kovechluser. Ihr Urgroßvater ist schon lange tot. Er starb 1902. Das heißt, ihm wurde der Kopf abgeschlagen."

„Wie bitte?"

„Eine Hinrichtung, Herr Kovechluser."

„Eine… was…?" Sein Blick wurde eisig. Und flackerte etwas.

„Eine Hinrichtung, Herr Kovechluser. Am 19.2.1902. Ist leicht zu merken, wie? Der Henker besorgte die Hinrichtung. Im damaligen österreichischen Kaiserreich, in der K.u.K.-Monarchie wurde nicht die Guillotine benutzt wie in Frankreich, sondern das Handbeil. Schrecklich, nicht wahr? Ich bin gegen die Todesstrafe."

Seine Zungenspitze fuhr über die Lippen, aber er öffnete den Mund nicht weit.

„Was? Was reden Sie da?"

Tatsächlich! dachte Petra. Er scheint nichts zu wissen von seinem Urahn.

„Es läuft manchmal seltsam im Leben, Herr Kovechluser. Ich mag Sie nicht. Ich verachte Ihre Einstellung. Wenn ich Ihren Namen nur denke, wird mir übel. Und bis heute Vormittag fühlte ich mich hilflos gegen ihre tierfeindliche Politik. Aber dann kam alles ganz wunderbar. Plötzlich passen die Dinge zusammen und eine Situation entsteht, so brisant wie Dynamit. Brisant für Sie."

„Ach, wirklich?"

„Eine Erschütterung genügt und alles fliegt in die Luft."

„Reden Sie keinen Quark! Kommen Sie zur Sache."

„Aber gern. Es geht um Ihr Ansehen, Herr Kovechluser. Um Ihre gesellschaftliche, politische und auch geschäftliche Stellung."

„Ich verstehe kein Wort."

„Ich war gerade in Wien bei einer Freundin. Ein Besuch. Ganz privat. Aber damit fängt es an. Doch zunächst mal – das muss ich voranstellen – zu Ihrer Person. Sie sind Bernhard Kovechluser, 49 Jahre, Bauunternehmer und Stadtrat. Sie sind einfacher Herkunft, aber clever und haben Ellbogen wie Stahl. Sie sind rücksichtslos und haben Millionen gemacht. Mit dem Reichtum kam auch der Wunsch nach gesellschaftlicher Anerkennung. Wie das so ist bei denen von ganz unten, die – sobald sie Geld haben – zu spinnen anfangen. Sie haben sich den Titel eines Konsuls gekauft und den Dr. h. c.! *(h. c. = Zusatz zu einem ehrenhalber verliehenen Doktortitel)* Lachhaft, aber was soll's. Sowas passt zu einem Herrn Neureich. Als Politiker mit sehr radikalen Ansichten stehen Sie bei Ihrer Partei inzwischen in vorderster Reihe. Ja, Herr Kovechluser, da hat man allerhand zu verlieren."

„Quatschen Sie sich nur aus. Ich habe unendlich viel Zeit."

„Für Sie wäre es tödlich, wenn bekannt würde, was für eine Bestie Ihr Urgroßvater war."

„Eine Bestie? Was soll das heißen? Mein Urgroßvater war…", Kovechluser stockte, runzelte die Stirn und starrte die Wand an. „Ich glaube, er war Handwerker. Tischler. Im österreichischen Innviertel. Ja, ich glaube. Wieso Bestie? Was meine Sie?“

„Sie wissen wirklich nichts?“

„Was, zum Teufel, soll ich wissen? Das mit der Hinrichtung – da haben Sie doch nur geblufft.“

„In Wien gibt es ein Kriminalmuseum. Heute Vormittag war ich dort. Nur so. Aus Interesse. Zufällig. Zig Fälle sind dort dokumentiert. Auch der von Friedrich Kovechluser. Er lebte von 1867 bis 1902. Ihr Urgroßvater. Das wußte ich natürlich nicht gleich. Aber ich entsann mich, dass Sie in einem Zeitungsinterview geäußert haben, Ihr Name sterbe mit Ihnen aus. Ein seltener Name. Verwandte gebe es nicht mehr, haben Sie gesagt. Keine Seitenlinie. Und Sie sind ja nun auch in zweiter Ehe kinderlos.“

Kovechluser wischte sich über die Stirn. „Ja, mein Urgroßvater hieß Friedrich. Aber ich weiß nichts über ihn. Wieso wurde er hingerichtet?“

„Er war ein Unhold. Er hat Frauen überfallen, geschändet und erwürgt. Hat sie zugerichtet wie ein Raubtier. Nach dem sechsten Mord hat man ihn gefasst.“

Na also!, dachte Petra. Jetzt schwitzt er. Jetzt kriegt er die Flatter. Diesen Stammbaum kann er nicht gebrauchen. Seine Lifestory las sich so easy. Aber jetzt wird es uncool.

„Also... Das kann nicht wahr sein, Frau Delius.“

„Es ist wahr. Aber das bedeutet ja nicht, dass sich diese Mordlust fortpflanzt in den Genen bis in die vierte Generation. Nein, das würde ich nie behaupten. Ich glaube Ihnen sogar, dass Sie nichts wissen von Urgroßvaters Untaten.“

Sie öffnete ihre Umhängetasche und nahm einen Zeitungsausschnitt heraus. Der Dreispalter steckte in einer Klarsichthülle.

„Hier Ihre Familiengeschichte. In dem Interview vom

13. Juli. Ich habe es aufgehoben. Weil Sie sich ja damals schon für den Taubenmord stark machten. Was für ein Mensch ist das?, wollte ich wissen. Hier steht", sie blickte auf den Zeitungsartikel, „Urgroßvater Friedrich war Tischler. Meine Familie stammt aus Österreich. Friedrichs Sohn Konrad – 1897 bis 1961 – hat Österreich als junger Bursche verlassen, sich in Franken angesiedelt und ebenfalls als Handwerker sein Brot verdient. Sein Sohn Herbert – mein Vater – wurde 1920 geboren und ist vor vier Jahren gestorben. Ich bin der Letzte meines Stammes."

Petra richtete den Blick auf Kovechluser und steckte den Zeitungsausschnitt in die Handtasche zurück.

„Es könnte..." Der Bauunternehmer wischte sich über die Stirn. „Ja, es könnte vielleicht doch ein anderer... eine andere Familie sein. Ich meine..."

Er verstummte. Petra erwiderte nichts auf diesen lachhaften Einwand. Sie hatte ihren Feind in die Ecke gedrängt. Endlich! Der Kerl stand mit dem Rücken zur Wand. Sein Schweiß war Angstschweiß. Nicht auszudenken, wenn diese Familiengeschichte bekannt würde. Man würde sein stiernackiges Benehmen anders deuten als bisher. Ganz der Urgroßvater, wie! Hat dem Urenkel zwar keine goldenen Löffel vererbt, aber ein paar Derbheiten in der Charakterstruktur. Hoh, die politischen Gegner würden feixen. Ganz aus Versehen würden sie ihn mit ‚Friedrich' anreden und sich dann mit gespielter Betroffenheit entschuldigen. Und auch der organisierte Taubenmord erschien nun in einem ganz anderen Licht. Jaja, der Urgroßvater wurde um einen Kopf kürzer gemacht, und der Urenkel läßt den Tauben die Köpfe abschlagen. Zu alldem – würde es heißen – muss man geboren sein.

Petra unterdrückte ein Lächeln. Sie weidete sich zwar nicht an Kovechlusers Situation, aber sie gönnte ihm die

Hornissen im Bauch – ja Hornissen! Flöhe waren das nicht.

Der Stadrat gab sich einen Ruck.

„Und nun, verehrte Frau Delius?"

Er sagte es ohne Hohn.

Jetzt bin ich nicht mehr die verrückte Taubentante, dachte sie. Jetzt lässt er vermeintlichen Respekt raushängen, dass ich fast darauf ausrutsche.

„Was für eine Frage."

„Sie meinen, Sie hätten mich in der Hand."

„Sie brauchen nicht in der Möglichkeitsform zu reden. Ich *habe* Sie in der Hand. Ich kann Sie so bloßstellen, dass Sie sich fühlen würden wie im Feinripp-Tanga auf dem Rathausplatz. Aber ich kann auch den Mund halten und niemand erfährt von Friedrich, dem Schänder."

„Ein Kriminalmuseum in Wien, sagten Sie?"

„Wollen Sie versuchen, dass man dort die Unterlagen über Ihren Urgroßvater entfernt? Das würde Staub aufwirbeln wie ein Sandsturm in der Sahara und erreichen würden Sie nichts."

„Vermutlich."

„Am besten gar nicht daran rühren. Es muss schon ein irrer Zufall stattfinden wie das jetzt mit mir."

Seine Fischaugen taxierten sie. Beim Grinsen hielt er den Mund geschlossen. In diesem Moment klingelte das Telefon. Kovechluser entschuldigte sich mit einem Blick, nahm den Hörer ab und meldete sich.

Dann: „Ah, Fritz-Eugen! Danke, dass du zurückrufst. Wie? Doch! Muss noch heute sein. Ja, ich weiß. Aber du hast doch noch einen Termin für deinen Schwager frei. Um… Ja, da kann ich. Also, Fritz-Eugen, um 19 Uhr. Wie? Ja, der zweite. Nein, unten. Also, bis dann!"

Er legte auf und wandte sich Petra zu. „Wieviel?"

„Was meinen Sie?“

„Wieviel kostet Ihr Schweigen, Ihr Stillschweigen – wie es so schön heißt?“

Fassungslos sah sie ihn an. „Sie... denken, ich will Geld?“

„Was denn sonst?“

Petra nickte bedächtig. „Ja, das ist eben der Unterschied. Er liegt im Denken. Sie können sich nichts anderes vorstellen. Ein ansehensgeiler, kohlegieriger Amtsträger kennt nur sich und sein Konto. Aber ich will etwas anderes, werter Freund. Und dafür bekomme ich nichts – außer Anfeindungen. Ich will tierisches Leben retten: unsere Stadttauben. Die haben nichts verbrochen und die schaden niemandem. Das bisschen Verunreinigung zählt nicht. Die will ich retten. Jetzt begriffen?“

„Sie verlangen“, fragte er verdutzt, „dass ich meine Politik ändere?“

„O ja!“

„Das... das... ist unmöglich.“

„O nein.“

„Ich... handele nach bestem Gewissen.“

„Das hat Ihr Urgroßvater wahrscheinlich auch gesagt. Und hat nach seiner Meinung nur ‚wertlose‘ Frauen umgebracht. Was auch immer das sein mag.“

Schweigen. Es dauerte an. Irgendwo im Haus wurde laut eine Tür geschlossen. Komisch!, dachte Petra. Irgendwie hatte ich das Gefühl, es wäre außer uns niemand da.

Kovechluser erhob sich, stöhnte, blickte zur Armbanduhr, dann zum Fenster hinaus in das schwindende Tageslicht.

„Ich werde darüber nachdenken, Frau Delius. Ich kann Sie ja verstehen. Aber Sie müssen auch meinen Standpunkt respektieren. Ich werde wirklich mit mir zu Rate gehen. Ent-

SIE VERLANGEN DASS ICH MEINE POLITIK ÄNDERE?

weder ich bekenne mich zu den traurigen Tatsachen – dazu, dass ich so einen Schandfleck in der Ahnenreihe habe – oder ich füge mich Ihrem Druck, Ihrer Erpressung – ja, das ist es – und schwenkte ein auf die Linie der bescheuerten Tierschützer. Sie werden von mir hören."

„Wann?"

„Geben Sie mir drei Tage… also gut, zwei Tage Zeit."

Petra nickte.

8. Kein Wort über Friedrich

„Au Backe!“, rief Klößchen in den Fahrtwind.

Der Schoko-Freak rollte hinter Tim mit seinem Bike, gefolgt von Gaby. Karl bildete das Schlusslicht. Und Gaby hatte Oskar an die Leine genommen.

TKKG radelten durch die Seidenwalder Allee, die sich bekanntlich zwei Kilometer hinzieht und von Luxus-Anwesen gesäumt wird. Wer hier wohnt, den interessieren Mieterhöhungen nicht, denn er hat die eigenen Vier-Wände und falls er als Vermieter in Immobilien investiert hat und somit von Mieterhöhungen profitiert, regeln das seine Hausverwalter.

„Was ist?“, fragte Tim über die Schulter. „Ist dein Sattel zu hart?“

„Nee, ich meine die Backe im Gesicht.“ Klößchen prustete als hätte er den Mund voller Abwässer.

„Und was ist da zu hart?“

„Nichts. Aber mir fällt ein, dass ich einen Termin verschwitzt habe. Heute Mittag hätte ich hin müssen zum Zahnarzt. Zu Dr. Fritz-Eugen Bachrippe. Wir sind eben an seinem Haus vorbeigekommen.“

„Hast du Schmerzen?“, erkundigte sich Gaby.

„Nee, nur Karies.“

„Schmerzen werden das erst später.“ Karl lachte. „Kommt nur davon, dass du zuviel Schoko futterst. Die geht schwer auf den Zahnschmelz. Sieh mich an! Ich esse überhaupt nichts Süßes und hatte noch nie Karies, diesen Rostfraß an den Beißern.“

„Aber deine Zähne sind gelb“, boxte Klößchen zurück. „Weil du Tee trinkst. Das strahlendste Gelb deines Lebens.“

„Von diesem Dr. Bachrippe“, sagte Gaby, „habe ich schon gehört. Er soll Gold unterschlagen haben.“

„Gold?“, fragte Klößchen. „Wobei?“

„Na, bei seiner Arbeit. Er hat kranke Zähne, die mit Goldkronen überzogen waren, extrahiert – also rausgezogen, aber nicht den Patienten das Gold überlassen, sondern in die eigene Schatzkiste gesteckt. Dann hatte er genug zusammen, und daraus hat er seiner Frau eine schwere Goldkette arbeiten lassen. Aber er hatte Streit mit dem Goldschmied und der hat's weitererzählt. Bald hatte Bachrippe dann das Finanzamt im Nacken – weil er die Goldbereicherung – immerhin war's ein halbes Kilo – heimlich gehändelt hat.“

„Ein halbes Kilo?“, staunte Karl. „Das ist ja wie bei 'ner Goldader.“

„Achtung!“, sagte Tim. „Das eben war Nummer 29. Das übernächste Grundstück muß es sein.“

Nummer 33, also. Wo der für das Tauben-Fütterungsverbot verantwortliche Stadtrat Kovechluser wohnte. Den wollten TKKG zur Rede stellen, bearbeiten, vom Gegenteil überzeugen. Um den mörderischen Beschluss rückgängig zu machen, gab es nur einen Weg: sich den Hauptverantwortlichen zur Brust nehmen.

Tim war in Kampfstimmung, wozu er sich selbst meistens sehr leicht überreden kann. Auch Gaby war wild entschlossen. Kovechluser konnte sich auf was gefasst machen.

Doch heute sollte er dem Angriff der Kids noch mal entkommen, denn in diesem Moment kam Petra Delius aus dem Grundstück Nr. 33, passierte das geöffnete schmiedeeiserne Tor und trat in das graue Dämmerlicht der Seidenwalder Allee.

Trotz schwindender Helligkeit – Gaby erkannte die Frau sofort. „Hallo, Petra!“ Gaby sprang vom Rad. „Sie hier? Nanu! Ich dachte, Sie wären in Wien.“

Petra Delius hatte den Autoschlüssel in der Hand, verharrte aber neben ihrem Kleinwagen. Freude knipste ein Lächeln an.

„Hallo, Gaby!"

Zwei Tierschützerinnen umarmten sich, und Tim musterte die studierte Erzieherin.

Riesenweib!, dachte er. Und sieht wahnsinnig nett aus. Hochsprung wäre der richtige Sport für sie. Aber wahrscheinlich tut sie gar nichts und neigt deshalb zum Rundrücken.

Gaby stellte die Jungs vor und Petra wurde so freundlich begrüßt als wäre sie Ehrenmitglied bei TKKG.

„Wir wollen zu Kovechluser", sagte Gaby dann eifrig. „Sie können sich denken weshalb. Und jetzt sieht es so aus, als wären Sie uns zuvorgekommen."

Petra nickte. „Ich habe lang und breit mit ihm geredet: über das gesamte Taubenvernichtungs-Programm, und ich glaube, ich habe was erreicht."

„Tatsächlich?", fragte Tim erstaunt.

Er fühlte sich enttäuscht als hätte man ihn auf dem Weg zur Kampfmatte zurückgepfiffen – weil der Gegner bereits von einem andern besiegt wurde. Aber dann rief sich der TKKG-Häuptling zur Ordnung. Es geht nicht darum, dass *wir* was bewirken, dachte er, sondern dass *überhaupt* was bewirkt wird. Egal von wem. Es geht um die Tauben.

„Ja." Petra nickte. „Ich habe auf ihn eingeredet, ihn beballert mit meinen Argumenten. Ich habe versucht, ihm klarzumachen, wie grausam seine Taubenpolitik ist. Und er hat signalisiert, dass er darüber nachdenken wird und gegebenenfalls umschwenkt."

„Na, das ist doch was!", rief Gaby.

„Hm!", brummte Tim. „Ein ziemlich vages Versprechen, wie?"

„Er gibt mir in zwei Tagen Bescheid“, erwiderte Petra. „Bis dahin braucht er Bedenkzeit.“

„Wahrscheinlich will er Sie nur hinhalten“, unkte Tim. „Und nach zwei Tagen bleibt alles wie es ist. Denn so ein richtiger Gesinnungswandel, der zündet spontan. Das ist wie eine Explosion in Hirn oder Herz. Wie Erleuchtung, Fischvergiftung oder Liebe auf den ersten Blick. Jedenfalls sofort und mit Ergebnis. Nicht mit einer Auszeit für Gewissenserforschung, zumal in unserer Sache doch alle Für- und Wider-Argumente tausendmal gesagt sind und zu jedermanns Bedienung auf dem Tisch liegen.“

Petra sah ihn aufmerksam an. „Willst du auch mal Kommunalpolitiker werden – also Stadtrat – und/oder Psychologie studieren, wissenschaftliche Seelenkunde?“

„Weder noch!“ Tim grinste. „Ich studiere was Handfestes, wahrscheinlich Architektur.“

„Er ist besonders gut in Mathe“, erklärte Gaby und deckte dabei ihrem Freund die Hand über den Mund. „Sei mal nicht so misstrauisch! Vielleicht hat Petra Erfolg gehabt und Kovechluser hat sein gutes Herz in sich entdeckt.“

„Es wäre wirklich besser“, nickte Petra, „wenn ihr ihn nicht auch noch bestürmt.“

Na, schön!, dachte Tim. Ich beuge mich dem Entschluss der Damenriege. Aber mit uncoolem Feeling. Diese wahnsinnig nette Petra ist diesem Polit-Profi doch niemals gewachsen, was Niedertracht, Taktik und Heuchelei angeht. Wenn der ihr zwei Tage abluchst, dann will er in der Zeit was machen. Fehlen noch Zustimmungen für den Taubenvernichtungs-Beschluss? Wohl kaum. Das ist beschlossen mit allen Unterschriften. Was ist es dann? Ich wette, der plant Übles, und Petra ist zu gutartig, um das zu durchschauen.

Aber er behielt seine Zweifel für sich und hörte zu, wie

Gaby von Bierröder, dem Taubentöter mit der Eisenstange, erzählte. Petra erschauderte, aber sie sagte nicht viel. Vor allem erwähnte sie mit keinem Wort den mörderischen Urgroßvater Friedrich des Stadtrats und Bauunternehmers Kovechluser.

9. Tag der ausgebrochenen Zähne

Kovechlusers Schwager – der Zahnarzt Dr. Fritz-Eugen Bachrippe – hatte einen harten Tag hinter sich. Aber auch jetzt – um kurz vor 19 Uhr – war noch nicht Schluss.

Durch die Seidenwalder Allee waberten graue Dunstschleier. Das Abblendlicht der Autos zeichnete tunnelartige Lichtbahnen. Fußgänger trugen Hüte oder Mützen und hatten die Krägen hochgeklappt.

Bachrippe war allein in seinem Ordinationsraum. Die beiden Helferinnen hatten sich um 18 Uhr ins Privatleben abgeseilt, wie es im Arbeitsvertrag festgeschrieben war, die junge Dame an der Anmeldung war ebenfalls schon gegangen; und Bachrippes Gattin hatte zweimal über Haustelefon angefragt, wann er denn endlich zum Abendessen käme.

„Erst muss ich noch deinen Herrn Bruder behandeln“, hatte der Zahnarzt geantwortet. „Bernd hat sich einen Zahn ausgeschlagen, ist dringend. Also iss mal allein! Ich nehme ohnehin nur Salat und ein Bier.“

Diesen diätetischen Vorsatz fasste Bachrippe jeden Abend, denn er hatte kiloweise Speck an Bauch und Rippen. Aber meistens wurde es dann anders und fünf Schinkenbrote und ebenso viele Bierchen wurden vertilgt.

Doch im Moment fühlte sich der Zahnarzt noch heldenhaft und beobachtete durchs straßenseitige Fenster, wie Kovechlusers Wagen auf den Patienten-Parkplatz rollte und hielt. Der Schwager stieg aus und kam zum Eingang der Praxis. Dann hörte Bachrippe Schritte im Warteraum und öffnete die Tür.

„Nett, dass du mich noch dran nimmst“, sagte der Bauunternehmer und schüttelte Bachrippe die Hand.

„Wenn es so dringend ist.“

„So… kann… ich doch nicht rumlaufen?“, Kovechluser zog mit dem Zeigefinger die Unterlippe herab. „Mit so einer Lücke.“

Bachrippe hatte ein Vollmondgesicht mit blonder Hornbrille, verengte jetzt etwas die Augen und stellte fest, dass einer der unteren Vorderzähne – der Zweier, rechts – herausgebrochen war. Glatt und sauber samt Wurzel. Die Wunde sah noch blutig aus, war aber nicht arg.

„Wie ist denn das passiert?“

„Heute Nachmittag auf der Baustelle. Bin im Lehm ausgerutscht. Bialke, mein Vorarbeiter, hat noch ‚Achtung, Chef!‘ gebrüllt. Aber ich bin schon gesegelt. Voll drauf auf einen Haufen Eisenschrott. Vor Schreck hatte ich wohl den Mund offen – aufgerissen. Aber ich habe die Stahlstange nicht bemerkt, die da rausragte. Himmel, es hätte mich ein Auge kosten können. Zum Glück bin ich nicht mit dem Auge auf die Spitze drauf, sondern mit den unteren Zähnen. Und den hat’s mir rausgestoßen.“

„Wo hast du den Zahn?“

„Keine Ahnung. Der liegt dort irgendwo im Dreck.“

Kovechluser hatte sich auf den Behandlungsstuhl gesetzt. Der Zahnarzt schaltete die Lampen ein, legte seinem Schwager eine Serviette um, nahm für sich selbst den Mundschutz und fuhrwerkte dann mit Mundleuchte und Mundspiegel zwischen Kovechlusers Zahnreihen herum.

„Der Kieferknochen ist in Ordnung. Die Zähne daneben auch. Den Zweier ersetzen wir. Du kriegst einen Stiftzahn. Das schaffen wir in einer Sitzung. Gleich. Mein Abendessen kann warten. Ich bin ohnehin auf Diät.“

„Ich finde, du hast schon abgenommen“, meinte Kovechluser.

„Und ob. Anderthalb Kilo.“

„Super!“

„Zwölf Kilo müssen runter. Dann habe ich Normalgewicht.“

„Schaffst du.“

„Bis Weihnachten. Habe ich mir vorgenommen. Aber dann gibt es Gänsebraten, Gänsebraten, Gänsebraten. Und ich bin wieder da, wo ich angefangen habe.“

„Unser Schicksal“, seufzte Kovechluser. „Musst du bohren? Tut’s weh?“

„Nicht die Bohne! Und wenn, dann kriegst du eine Injektion.“

„Erzähl bitte niemandem, dass ich mir den Zahn ausgeschlagen habe. Ist irgendwie zu lächerlich. Sogar Bialke musste sich das Lachen verkneifen.“

„Klar. Durch mich wird dein Standbild nicht beschädigt. Wir Männer sind doch verflucht eitel. Dieser Bierröder hatte die gleiche Sorge.“

„Wer?“

„Helmut Bierröder. Ist städtischer Angestellter. Inspektor, glaube ich. Beim Umweltamt.“

„Ah, den kenne ich. Der hat sich freiwillig gemeldet fürs Köpfen.“

„Wofür?“, fragte Bachrippe und hatte einen passenden Ersatzzahn ausgesucht, der denselben Gelbton hatte wie Kovechlusers übrige Zähne.

„Bierröder ist in den Parks und Flussauen unterwegs und schlägt den Tauben die Köpfe ab.“

„Ist ja widerlich!“

„Ist ein abgesegneter Beschluss. Schließlich müssen wir der Plage irgendwie Herr werden.“

„Trotzdem scheußlich.“

„Ist Bierröder dein Patient?“, fragte Kovechluser.

Der Zahnarzt nickte. „Heute ist anscheinend der Tag der ausgebrochenen Zähne. Und dem Bierröder ist exakt das

Gleiche passiert wie dir. Auch unten rechts. Hat sich sauber den Zweier rausgebrochen samt Wurzel. Hat auch einen Stiftzahn gekriegt. Hoffentlich hält er."

„Und wieso hat Bierröder die gleiche Sorge wie ich?"

„Ihm wurde der Zahn ausgeschlagen. Bei 'ner Rauferei. Er sagte, er wäre daran nicht ganz unschuldig, und bat mich, um Himmels willen nicht darüber zu reden. Also, erzähl's nicht weiter."

Kovechluser erwiderte nichts und richtete den Blick seiner Fischaugen in das grelle Halogenlicht der Lampe. Bachrippes Mondgesicht beugte sich über den Bauunternehmer und wirkte für eine Sekunde bedrohlich – mit dem Mundschutz und der glitzernden Brille.

„Bitte, öffnen!", meinte der Zahnarzt gewohnheitsmäßig. Und dann: „Sag's, wenn was wehtut."

*

Die Dämmerung war fortgeschritten. Der Abend gewann die Oberhand. Fröstelwetter. Und die Reifen der Bikes sangen Gummitöne auf dem Asphalt. Da war das Piepsen an Computer-Karls Handy – das neuerdings zu seiner Ausrüstung gehört und von ihm in der Brusttasche getragen wird – ein erfrischender Ton.

TKKG waren auf dem Rückweg in die Innenstadt und jeder – außer Klößchen, denn der hatte Hunger – dachte nach über das Gespräch mit Petra Delius.

Karl hatte mit großartiger Geste das schnurlose Telefon hervorgezogen und meldete sich.

„Ja, Herr Glocker! – Aha! – Verstehe! – Danke für den Anruf! – Machen wir natürlich. – Ist ja riesig nett. – Wiederhören!"

Er schob das Handy in die Tasche zurück.

„Das war dein Vater, Gaby. Habt ihr mitgekriegt, wie? Die Helga Hoppenheide hat eben bei ihm angerufen und…“

„Wer?“, rief Klößchen von hinten, wo er wieder als Schlusslicht fuhr.

„Die Übersetzerin für Chinesisch, an der sich der Beißer den Zahn ausgebissen hat“, erwiderte Karl. „Also, sie lädt uns ganz auf die Schnelle zu einer Pizza-Orgie ein. In die Pizzeria Rosso am Neumarkt. Frau Helga ist nämlich noch was eingefallen. Deinem Vater, Gaby, hat sie's schon gesagt. Uns will sie aber auch informieren. Die Einladung ist jedoch als Dankeschön zu verstehen, weil wir heute Mittag so beherzt zur Stelle waren.“

„Großartig!“, brüllte Klößchen. „Ich dachte schon, ich würde sterben innerhalb der nächsten Stunde. Diesen Nahrungsentzug seit einer Ewigkeit, den halte ich im Bauch nicht aus.“

„Was ist ihr noch eingefallen?“, fragte Tim und hatte damit laut gedacht. Ja, es musste ein erinnerungsmäßiger Nachtrag zum Beißer sein. Eine Beobachtung, die Helga unbewusst gemacht hatte und die jetzt erst hervorkam.

„Hat Herr Glockner nicht gesagt“, erwiderte Karl.

Das ‚Rosso' war teils Pizzeria, teils Restaurant – vorn volkstümlich mit günstigem Preis-Leistungs-Verhältnis, hinten exklusiv und ziemlich teuer. Helga Hoppenheide saß vorn, aber nahe am Eingang zum Restaurant. Vorn war alles voll, hinten langweilten sich drei Kellner. Sie trugen rote Westen und zumindest einer hatte sich die Haare gewaschen. Helga lächelte erfreut und TKKG gaben ihr alle die Hand. Oskar verschwand gleich unterm Tisch, wo Isabella, die kleine Mischlingshündin lag. Aber Gaby zog ihren Vierbeiner sofort auf ihre Seite, denn Isabella war läufig und wie leicht kommt's da zu einem Wurf junger Hunde.

„Danke für die Einladung!“, sagte Tim und nahm seine Baseballmütze ab.

„Ich habe mich erholt von dem Schrecken.“ Helga lächelte. „Aber die Einzelheiten verarbeite ich erst nach und nach.“

„Man wird ja auch nicht jeden Tag überfallen“, meinte Klößchen. Er sagte es über den Rand der Speisekarte, die er bereits las. Natürlich entschied er sich für die extragroße Riesenpizza mit allem drauf.

Bestellung. Stimmengewirr. Am Nebentisch wurde fürchterlich gequalmt. Italienische Musik rieselte aus versteckten Lautsprechern und die Getränke wurden rasch serviert.

„Er trug ja diese Maske“, sagte Helga halb in ihr Rotweinglas, aus dem sie soeben genippt hatte. „Aber bei dem Ringkampf habe ich ihm eine reingehauen. Gegen die linke Kopfseite, gegen das linke Ohr. Und dabei – wie ich mich jetzt erinnere – habe ich den Ohrring gespürt. Ich bin mir ganz sicher, dass er am linken Ohr einen Ring trug.“

Na, dachte Tim. Die Hinweise mehren sich. Fehlender Vorderzahn unten, Ohrring links. Großer kräftiger Typ. Der Beißer kriegt Kontur. Aber leider trifft das alles auf zu viele zu.

„Sind Sie sicher, Frau Helga, dass der Beißer ein Mann ist?“, fragte Klößchen.

Sie schaute verblüfft. „Also, da bin ich mir ganz sicher.“

„Klößchen“, sagte Gaby, „wir leben doch in einer Zeit, in der sich der männliche Geschmack dem weiblichen angleicht – und umgekehrt. Jeder dritte Typ lässt sich piercen und hängt sich was Metallisches in die künstlichen Löcher der Haut.“

„Stimmt!“ Klößchen grinste. „Nasenringe, Sicherheitsnadeln in den Augenlidern und in der Zunge, Metallring im

Bauchnabel zum Festbinden der Unterhose. Warum soll da der Beißer nicht wenigstens einen Ohrring tragen. Piraten hatten sie ja auch. Früher."

„Der Freibeuter, Bukanier, Filibuster, Korsar oder Seeräuber", sagte Tim, „der im 17. und 18. Jahrhundert unter schwarzer Flagge segelte, hatte tatsächlich üppiges Ohrgehänge aus Silber und/oder Gold. Aber er trug das nicht, um sich zu schmücken, sondern aus umweltbedingter Notwendigkeit. Auf hoher See herrschen nämlich atmosphärische Strahlungen, die einem Dauersegler, der außerdem Überfälle machen muss, gewaltig auf den Keks gehen, also aufs Gehirn. Strahlungen! Aber ein Pirat und Seeräuber ist ja nicht blöd. Aspirin gab's damals noch nicht. Also kamen die Freunde ziemlich schnell dahinter, dass man die Strahlungen von der Birne ablenken, beziehungsweise neutralisieren kann. Indem man Edelmetall an die Ohrlappen hängt. Auf einer Seite Gold, auf der anderen Silber – und schon ist die Migräne im Abflug. Ja, deshalb haben die sich damals gepierct. Heute läuft es umgekehrt. Die meisten, die sich an ihrem Body piercen lassen, können gar keine Kopfschmerzen kriegen. Weshalb wohl nicht?"

„Weil sie nicht zur See fahren", grinste Karl.

Dann grinsten alle und die Pizzen wurden serviert. Tim und Gaby hatten die mit Tomaten und Käse bestellt, tauschten aber nach der Halbzeit die Teller aus.

„Ihr habt doch das Gleiche", meinte Helga erstaunt. „Weshalb müsst ihr da voneinander probieren?"

„Nicht deshalb", Gaby errötete etwas. „Wir machen das immer so. Aus... Freundschaft."

„Aus... Liöhbö", korrigierte Klößchen mit total vollem Mund.

„Manchmal füttern sie sich auch gegenseitig", sagte Karl.

„Aus... Liöhbö", Klößchen kaute weiter.

Tim beugte sich nach rechts und küsste Gaby auf die Wange, was einen schwachen Abdruck von Ketschup hinterließ.

Gaby revanchierte sich mit einem Vergissmeinnicht-Blick durch lange dunkle Wimpern.

„Ich habe nachgedacht", sagte Tim. „Und die Köpfe abgeklopft in Gedanken. Ich meine, ich habe sämtliche linke Ohren, die heute irgendwie im Spiel waren, vor mein geistiges Auge geholt. Lothar Redl – der Giftköderfabrikant – ist nicht gepierct an den Läppchen. Außerdem fehlt ihm kein Zahn. Aber Inspektor Bierröder – dieser köpfende Brutalo –, der hat – wenn ich mich recht erinnere – am linken Lauschorgan unten eine fachmännische Durchbohrung. Er trug zwar keinen Ohrring, aber die Vorrichtung ist da. Und so eine A…geige führt vielleicht ein Doppelleben."

„Doppelleben?", forschte Gaby. Ihr Mund war völlig leer. Also konnte sie gegen ihren Goldpony pusten, ohne dass Tomatenspelze in den Stirnfransen landete.

„Als Inspektor – also als Beamter – spielt er vielleicht den altbackenen Normalo, den geordneten Durchschnittsbürger ohne Auffälligkeit. Aber außer Dienst flippt er aus, hängt sich einen Ring ins Ohr und überfällt als maskierter Unhold blonde Frauen, um sie herzhaft zu beißen – and more."

Gabys Augen wurden rund. „Das würde zusammenpassen: Er schlägt Tauben die Köpfe ab und treibt sein Unwesen als beißender Unhold."

„Außerdem", sagte Tim, „war er heute Mittag total gefrustet. Wir haben sein Massaker unterbunden, haben ihn gestoppt in seiner Metzelei. Von mir hat er sich eine eingefangen, dass er langlag. Du hast ihn in die Kehrseite gekickt, und wir alle haben ihn beschimpft und vor ihm ausgespuckt. Der Typ war voll auf Hass, als er abgerauscht ist.

Mit dem Sack. Vielleicht waren nicht nur tote Tauben drin, sondern auch die Utensilien des Beißers: Jacke, Handschuhe, Kopfmaske. Den Ohrring könnte er in der Tasche gehabt haben. Vielleicht steckt er sich den immer dann an, wenn er loslegt."

„Und an Helga hat er seine Wut abreagiert", rief Gaby.

„Jedenfalls hat er's versucht."

„Ich finde", Karl war mit seiner Tintenfisch-Pizza fast fertig, „das ist eine heiße Spur."

„Worauf warten wir noch?" Tim beugte sich über den Tisch und ergriff Helgas Hand. „Vielen Dank für die Einladung. War köstlich und riesig nett. Aber jetzt müssen wir los. Sie verstehen das, ja?"

10. Von Promi-Tratsch und Brandstiftung

Trautes Heim – aber von Glück konnte keine Rede sein, jedenfalls empfand Bernhard Kovechluser nur Langeweile. Rosalinde, kurz Rosa genannt, langweilte ihn. Sie war seine Frau, gleichaltrig mit ihm, dürr wie Stacheldraht und süchtig nach Informationen aus europäischen Königshäusern, Adelshäusern, aus der Promi-Szene und aus dem Leben sogenannter Stars, wobei die Letzteren ebensogut Star-Frisöre und Star-Bonsai-Züchter sein durften wie auch Star-Mimen in öden TV-Serien oder digital aufgemotzten Leinwand-Streifen mit dünner Story. Rosalinde bezog ihre Infos aus der Regenbogenpresse und entsprechenden TV-Kanälen und dachte immer intensiv nach über die Neuigkeiten. Deshalb hielt sie sich für intelligent und ihr Mann hatte dem noch nie widersprochen.

Geheiratet hatte er Rosa in jungen Jahren, als er Geld brauchte. Sie hatte Geld – hatte es gehabt, war nämlich die Erbin einer kleinen Brauerei, die es inzwischen nicht mehr gab. Kovechluser hatte mit Rosas Geld seine ganz spezielle Karriere gemacht.

An diesem Abend saßen beide im Kaminzimmer und Kovechluser berührte ab und zu mit der Zungenspitze seinen künstlichen Zahn unten rechts. Er sah gut aus, nämlich wie in seinem Kiefer gewachsen. Also echt und genau im richtigen Gelbton. Allerdings hatten sich leichte Nachschmerzen eingestellt, von denen Dr. Fritz-Eugen Bachrippe, der Zahnarzt, behauptete, sie würden morgen verschwunden sein.

Kovechluser las mit einem Auge in einem Wirtschaftsmagazin, mit dem anderen Auge verfolgte er den Fernsehkrimi, der sich über die Mattscheibe quälte. Der Film enthielt viele Szenen, die Kovechluser aus anderen Krimis schon kannte. Dutzendware, Massenware. Einfallsarmut. Verblödungsfutter. Mehr als müde Anteilnahme mit einem Auge war der Streifen wirklich nicht wert.

Rosa saß mit dem Rücken zum TV-Gerät und blätterte soeben durch die fünfte Hochadels-Postille.

„Wusstest du, Bernd, dass die Prinzessin Kikki mal was mit ihrem Chauffeur gehabt haben soll?"

„Hm."

„Wirklich! Eine Affäre."

„Hm."

„Dabei ist dieser Constantin Costanapolis doch 30 Jahre älter als sie."

„Tatsächlich?"

„Oder 35!"

„Hm."

„Bernd! Interessiert dich das nicht?"

„Doch, doch! Ich könnte nicht leben ohne diese Informationen."

„Man muss mitreden können!"

„Aber ja."

„Worüber redet ihr eigentlich in den Ausschusssitzungen eurer blöden Partei?"

„Über Prinz Constantin natürlich und seine Chaffeuse Kikki. Werden sie heiraten?"

„Das geht doch nicht. Er ist tot. Er hatte einen tödlichen Verkehrsunfall. Aber Kikki besucht jede Woche sein Grab und legt eine rote Rose auf die kalte Marmorplatte. Das spricht doch Bände, wie? Da merkt doch jeder, was für eine zarte Romanze sich abgespielt hat."

„Hm."

„Mit dir kann man nicht reden, Bernd. Du hast für nichts

WUSSTEST DU, BERND, DASS DIE PRINZESSIN KIKKI MAL WAS MIT IHREM SCHOFFÖR GEHABT HABEN SOLL?
KIKKI

Interesse. Nur für deine Firma und für die Politik. Tut's noch weh?"

Sie meinte den Zahn, legte aber keinen Wert auf eine Antwort, sondern redete gleich weiter von dem innigen Verhältnis zwischen Kikki und ihrem Chauffeur.

Kovechluser hörte nicht zu. Dann klingelte das Telefon.

Es war der Apparat in der Diele und der Stadtrat begab sich hinaus und schloss die Tür hinter sich.

20.04 Uhr.

Er hatte eine Ahnung, wer das sein könnte, meldete sich und konnte einen Rülpser nicht unterdrücken. Die Bratkartoffeln, die er heute Abend zur Rebhuhnbrust gegessen hatte, waren mal wieder zu fett gewesen.

„André Hawliczek", sagte die seifige Männerstimme am anderen Ende der Leitung. „Habe die Ehre, Herr Kovechluser, wie ist das werte Befinden? Bestimmt sehr gut, hahahah! Und auch das der werten Gemahlin. Ich hoffe, ich störe nicht."

„Mann! Quatschen Sie keine Opern! Ich fiebere auf Ihren Anruf. Sie sind pünktlich. Gut so! Also, wie sieht es aus?"

André Hawliczek war Detektiv. Privatdetektiv, Schnüffler, Privatermittler, Plattfuß. In Wien. Er hatte drei- oder viermal kleine Aufträge für Kovechluser erledigt. Sie kannten sich seit zehn Jahren. Hawliczek war zuverlässig und verschwiegen. Aber das waren seine einzigen Grundsätze. Für Geld fasste er jeden Dreck an und für großes Geld schreckte er auch vor Straftaten nicht zurück.

„Naja, Chef. Nicht so berauschend. Ich war also im Kriminalmuseum. Es hat neuerdings bis 19 Uhr geöffnet. Und die Frau, die dort abends…"

„Was ist mit Friedrich Kovechluser?", fiel ihm Kovechluser ins Wort.

„Tut mir leid, Ihnen das sagen zu müssen. Aber er ist wirklich Ihr Urgroßvater. Sie sehen ihm sogar ähnlich. Ich will nicht sagen ‚wie-aus-dem-Gesicht-geschnitten', aber fast. Besonders auf dem Foto kurz vor Friedrichs Hinrichtung ist die Ähnlichkeit verblüffend. Der Mann war überhaupt nicht abgemagert im Gefängnis. Die meisten Todeskandidaten sehen ja immer so gotterbärmlich mager aus. Und blass! Und…"

„Was hat er gemacht? Einzelheiten, Hawliczek!"

„Er hat Frauen umgebracht."

„Das weiß ich. Aber wie?"

„Da hat's mich geschüttelt, Chef. Und zu erklären ist das ja nur mit der Geisteskrankheit. Denn geisteskrank ist er gewesen. Muss er gewesen sein. Das geht auch aus den Berichten hervor. Und man muss der damaligen Justiz einen Vorwurf machen. Ihr Urgroßvater hätte in eine Heilanstalt gehört. Oder in sichere Verwahrung. Denn man kann doch einen Kranken nicht einfach enthaupten. Naja, sowas kommt leider immer wieder vor, dass die Justiz Mist baut."

„Was hat er mit den Frauen gemacht?"

„Er… also, er hat sie totgebissen. Wie ein Raubtier. Er… fühlte sich als Wolf. Als Großstadtwolf. Er hat keine erschossen, erstochen oder erschlagen, sondern er… hat seine Zähne benutzt. Sein… Raubtiergebiss."

Ein paar Augenblicke herrschte Schweigen.

Hawliczek, der an seine Telefonkosten dachte, fragte, ob Kovechluser noch da wäre.

Worauf der sagte: „Ich kann nichts für meinen Vorfahren. Ich bin nicht verantwortlich für seine Taten."

„Natürlich nicht."

„Aber dieser Verrückte könnte im Nachhinein meinen Ruf schädigen. Ich bin ein politischer Mensch. Politiker sind angreifbar."

„Wird aber viel zu wenig gemacht." Hawliczek kicherte.

„Es darf sich nicht rumsprechen", sagte Kovechluser, ohne auf die Blödelei einzugehen. „Es wäre Schmutz auf meinem ehrenwerten Namen."

„Verstehe, Chef."

„Am liebsten wäre mir, diese ganze Dokumentation über meinen Urgroßvater würde verschwinden."

„Da müssten Sie das Kriminalmuseum kaufen. Aber das ist Staatseigentum. Sie müssten den Direktor bestechen. Aber der ist nicht bestechlich. Ich kenne ihn. Dr. Franz-Josef Blumenthal ist rechtschaffen und stur. Der hat nichts gelernt von den Kriminellen, die man in seinem Museum besichtigen kann. Außerdem ist er vermögend und hat Bestechung nicht nötig."

Kovechluser zögerte, bevor er sagte: „Und wenn das Museum in Flammen aufgeht?"

Hawliczek zischte scharf über die Zähne. „Oh! Das wäre heiß."

„Das ist es immer, wenn's brennt."

„Also Brandstiftung."

„Keine hässlichen Wörter, Hawliczek!"

„Aber so heißt es nun mal."

„Wie ist es? Könnten Sie die Sache arrangieren?"

„Muss es das ganze Museum sein? Oder genügt es, wenn nur die eine Abteilung abbrennt? Der Raum mit der Dokumentation über Ihren Urgroßvater."

„Das würde mir genügen. Oder gibt es von den Ausstellungsstücken Kopien?"

„Im Prinzip nicht. Alles, was dort ausgestellt ist, sind Originale. Sämtliche Gegenstände und auch die Fotos. Wenn das futsch ist, ist Schluss mit der Ausstellung."

„Was würde es mich kosten, wenn die Erinnerung an Uropa Friedrich vernichtet wird?"

Hawliczek überlegte einen Moment und nannte dann einen annehmbaren Preis: das Honorar für Brandstiftung. Er würde seine Sache gut machen und Kovechluser fühlte sich ein bisschen erleichtert, als er zu seiner Frau ins Kaminzimmer zurückging.

Sie wollte natürlich wissen, wer der Anrufer war. Kovechluser brummelte was von einem Parteifreund, schenkte sich einen Cognac ein und beschloss, etwas später noch einen Abendspaziergang zu machen.

11. Der Ohrring

In der Telefonzelle roch's muffig. Jemand hatte von innen an die Scheiben gespuckt. Das zweibändige, superdicke Telefonbuch der TKKG-Großstadt war zerfleddert. Aber Tim fand unter ‚B' etliche Bierröders, darunter einen Helmut mit dem Zusatz ‚Inspektor'. Er wohnte Leichtenstetter Straße 144.

„Das muss er sein", meinte der TKKG-Häuptling und hielt mit dem Fuß die Tür der Telefonzelle auf.

Seine Freunde lehnten sich auf die Bikes. Oskar war nicht mehr dabei. Gaby hatte ihren Vierbeiner zu Hause abgeliefert, weil ihm die Pfoten wehtaten.

„Leichtenstetter Straße", wiederholte Karl, was Tim gesagt hatte. „Kenne die Gegend. Eine durchschnittliche Gegend. Nicht top, nicht übel, eben Durchschnitt. Brettern wir hin?"

„Was denn sonst?", meinte Tim. „Anrufen und fragen, ob er am linken Lauschlappen männliches Geschmeide trägt – exakt wie der Beißer unter seiner Maske – das, glaube ich, geht nicht."

„Du könntest ja sagen", warf Klößchen ein, „dass ein Ohrring gefunden wurde. Von dir, natürlich. Und dass dir jemand erklärt hat, der Ohrring gehöre einem gewissen Inspektor Bierröder. Vielleicht bejaht der dann. Oder er sagt, es sei nicht sein Ring, weil er den gerade mit einem milden Reinigungsmittel putzt. Gaby, womit putzt man Ohrringe eigentlich?"

„Mit lauwarmem Wasser", erwiderte Tims Freundin.

„Dachte ich mir", nickte Klößchen. Er sah Tim erwartungsvoll an und hoffte, der weite Weg zur Leichtenstetter Straße würde allen erspart bleiben.

Aber der TKKG-Häuptling war anderer Meinung.

„Sowas regelt sich am besten Auge in Auge“, behauptete er. „Am Telefon würde uns dieser Tauben-Henker ohnehin keine Auskunft geben. Außerdem hat er seinen Ohrring – falls er einen hat – vermutlich im Schmuckkästchen und nicht verloren. Vielleicht rastet Bierröder aus bei unserem Anblick. Vielleicht können wir ihn so provozieren, so herausfordern, dass er sich verrät. Ich will damit sagen, wir brettern hin und beäugen sein Umfeld.“

„Und im Internat setzt man uns auf die Vermisstenliste“, seufzte Klößchen.

Naja, dachte Tim. Heute ist Freitag. Also müssen wir den uralten Trick wieder ins Spiel bringen. Eingeladen von Karls Eltern. Wir übernachten bei Viersteins. Wie schon ungezählte Male. Das ist ja mittlerweile so eingeschliffen, dass der Erzieher vom Dienst dort nicht mal mehr nachfragt.

Tim griff wieder zum Hörer, benutzte seine Telefonkarte, auf der noch ein paar Einheiten waren, wurde mit der renommierten Internatsschule verbunden, wurde durchgestellt zum EvD und erklärte ihm, einem jungen Assessor, der bei Aufregung lispelte, was angeblich Sache war.

„Gut, Tim!“, war die Antwort. „Ihr seid also bei Viersteins. Hiermit erteile ich euch die Erlaubnis. Ist es nur für eine Nacht oder fürs ganze Wochenende?“

„Das wissen wir noch nicht, Herr Dr. Gutknecht. Das hängt davon ab, hahahah, wielange uns Karls Mutter erträgt?“

Assessor Gutknecht ermahnte ihn, morgen abermals Mitteilung zu machen. Dann rief Karl seine Mutter an und informierte sie über den Besuch. Frau Vierstein freute sich. Sie würde in Karls Zimmer die beiden Notbetten – wacklige Liegen – aufklappen und die Zahnbürsten für Tim und Klößchen bereitstellen.

Vogelfrei!, dachte Tim. Nicht sturmfreie Bude, sondern sturmfreier Ausgang. Aber wir wollen ja nicht rumdümpeln in Diskos oder miese Filme sehen, sondern unseren Einsatz leisten. Vielleicht hilft es den Tauben. Und bringt den Beißer zur Strecke. Für solche Ziele ist jede Überstunde toll angelegt.

Sie bikten in nordöstliche Richtung. Der Abend war kalt. Die Luft roch nach Schnee. In den Geschäftsstraßen war jetzt, nach 20 Uhr, kaum noch Betrieb. Aber dann passierten die Kids das Rotlichtviertel der Stadt – jene Gegend also, wo sich eine Bar an die andere lehnt, wo die Halb- und die Unterwelt zu Hause ist und die Polizei gern Razzien macht. Dort herrschte Betrieb. Dort konnte von geschäftlicher Flaute nicht die Rede sein. Zocker und Dealer hatten Konjunktur.

Leichtenstetter Straße.

Sie war schnurgerade und schien endlos zu sein. Mit kleinen Häusern, die sich stark ähnelten. Kahle Bäume entlang der Fahrbahn zu beiden Seiten. Tim äugte nach den Hausnummern und hielt vor Nummer 144.

Ein Einfamilienhaus mit hellem Verputz. Licht hinter den Parterrefenstern. Drei Meter Garten zwischen Gehsteig und Haustür.

„Ich greife deine Idee auf, Willi“, sagte Tim. „Mit dem verlorenen Ohrring. Ich werde Bierröder sagen, den hätte er mittags im Belmorte-Park verloren. Bei seiner Bauchlandung. Und dann ziehe ich ihm blitzschnell die Unterlippe runter.“

„Die... was?“, fragte Klößchen.

„Die Unterlippe! Um zu sehen, ob ihm ein Zahn fehlt.“

„Richtig! Dem Beißer fehlt ja einer. Hätte ich beinahe vergessen.“

Tim fand eine Büroklammer in der Tasche und formte

daraus einen Ohrring, für den sich jeder Schmuckhersteller geschämt hätte. Aber als Köder würde das Gebilde seinen Zweck erfüllen.

Karl hielt Tims Tretmühle. Der TKKG-Häuptling vergewisserte sich an der Haustür, dass die Adresse wirklich die richtige war. Sie war's. Helmut und Gudrun Bierröder wohnten hier. Tim klingelte.

Im Haus wurde eine Tür geöffnet. Fast lautlose Schritte näherten sich. Das war entweder Gudrun oder Bierröder trug Hauslatschen mit superweichen Sohlen.

„Wer ist dort?", fragte eine weibliche Schrillstimme hinter der Tür.

„Mein Name ist Peter Carsten. Ich bitte um Vergebung für die späte Störung. Aber ich würde gern Ihren Mann sprechen."

„Helmut... also, mein Mann ist nicht da."

„Wie bedauerlich."

„Worum geht es denn?"

Sie machte keine Anstalten, die Tür zu öffnen. Entweder eine ängstliche Natur, dachte Tim. Oder sie ist schon im Nachthemd.

„Ihr Mann, Frau Bierröder, hat heute Mittag seinen Ohrring verloren: im Belmorte-Park, wo ich zufällig seinen Weg kreuzte. Ich habe den Ohrring gefunden und möchte ihn abliefern. Aber keine Sorge! Ich beanspruche keinen Finderlohn."

Die Tür wurde geöffnet.

„Den Ring können Sie auch mir geben", sagte Gudrun Bierröder – und streckte die Hand aus.

Super!, dachte Tim. Er trägt also Klunkern am Lauschlappen, der Taubenmörder. Das hat seine bessere Hälfte soeben eingestanden.

Sie war klein, dünn und unscheinbar. Das fast farblose

DEN RING
KÖNNEN SIE AUCH
MIR GEBEN.

Haar war nur kurzgeschnitten und sonst nichts. Sie war sicherlich erst Ende Dreißig, aber vergrämt wie nach 70 Kummerjahren. Das hatte Linien in das kleine Gesicht gegraben. Außerdem war sie kurzsichtig. Sie kniff die Augen zusammen, um besser sehen zu können.

Für eine Zehntelsekunde hielt ihr Tim den Büroklammer-Ohrring hin auf flacher Hand. Dann schloss er die Faust.

„Wissen Sie, Frau Bierröder", er strahlte sie an. „Ich mache so gern Freude. Das genieße ich regelrecht. Deshalb möchte ich Ihrem Mann den Ohrring persönlich überreichen. Und ihm auch mein Mitgefühl ausdrücken für den ausgebrochenen Zahn."

„Wofür?" Sie blinzelte.

„Ich hörte, er habe sich heute Mittag im Belmorte-Park einen Zahn ausgebrochen."

„Tatsächlich? Davon weiß ich noch gar nichts. Allerdings habe ich Helmut seit heute früh nicht gesehen. Ich bin erst nach 20 Uhr von der Arbeit gekommen. Da war Helmut schon weg zu seiner Gymnastik. Er geht freitags immer ins Fitness."

Tim lächelte breit. „In welches Gym-Studio?"

„In die Herkules-Arena. So heißt es, glaube ich. In der Lobben Straße. Er bleibt immer sehr lange und trinkt mit Freunden Gemüsesäfte an der Studio-Bar, wenn das Training beendet ist."

„Sehr vorbildlich. Also sehe ich dort mal vorbei. Schönen Abend noch, Frau Bierröder."

Sie schloss die Tür. Tim dämpfte die Stimme, als er bei seinen Freunden war.

„Er trägt Ohrringe! Und spult seinen Tageslauf ab, als wäre alles wie immer. Wozu macht er Gymnastik? Will er abnehmen? Das wirkt ja nicht mal bei dir, Klößchen. Und du bist noch im Wachsen. Wahrscheinlich übt er am Boxsack wie man auf Tauben einschlägt.“

„Ich wünsche ihm“, zischelte Gaby, „dass er sich die Arme auskugelt. Ob dann ein anderer für ihn einspringen würde?“

„Ich glaube“, erwiderte Tim, „es gibt nicht viele, die dazu bereit wären. Einige sicherlich. Die haben die Grausamkeit voll drauf und zucken dabei mit keiner Wimper. Unsereinem bleibt der Atem weg. Aber die Mehrzahl der Leute sagt nur ‚Ach, wie furchtbar!‘ – und wendet sich ab. Weil sie Scherereien befürchten, wenn sie sich einmischen. Und genau daran krankt die Welt. Fast jeder kann erkennen, was gut und was schlecht ist – Grenzfälle mal ausgenommen. Aber entsprechend zu handeln – das ist eine andere Sache.“

„Herkules-Arena“, sagte Karl „klingt nach Kraftsportverein. Vielleicht züchten Bodybuilder dort ihre Anabolika-Muskeln.“

„Ihre… was?“, fragte Klößchen.

„Ihre mit Anabolikum aufgeblasenen Muskeln“, erläuterte Karl. „Das ist ein Medikament. Aber ein schädliches. Es fördert zwar den Muskelzuwachs, hat aber katastrophale Nebenwirkungen, die bis zum Tode führen können. Dass du nach Einnahme von Anabolikum nicht mehr richtig pieseln kannst, ist noch das Wenigste.“

„Ich nehme diesen Dreck nicht“, meinte Klößchen. „Ich stehe auf Schokolade. Die bildet zwar keine Muskeln, verhilft aber zu Fett.“

„Also zur Lobben Straße“, sagte Tim und schwang sich aufs Bike.

Es war nicht weit. Die ‚Herkules-Arena‘ befand sich im Obergeschoss eines Geschäftshauses und nahm dort offenbar die gesamte Etage ein. Die straßenseitigen Fenster waren erleuchtet, bestanden aber aus geriffeltem Mattglas.

Man konnte nicht hineinsehen. Im Erdgeschäft waren drei Läden untergebracht, die jetzt geschlossen hatten. Das elegante Kind – Mode für die Zwei- bis Sechsjährigen. Lebkuchen-Paradies – außerdem wurde dort weihnachtlich duftender Tee verkauft – und ein Video-Verleih, der im Schaufenster mit blutrünstigen Horror-Plakaten warb.

Gaby begleitete ihren Freund. Das Treppenhaus roch nach Reinigungsmittel. Auf dem Treppenabsatz verkümmerte eine Zimmerpalme. Im Vorbeigehen berührte Gaby die Erde im Kübel. Sie war trocken und Aschenbecher zugleich für zwei Dutzend Zigarettenreste.

„Arme Pflanze!“, sagte Gaby. „Wahrscheinlich drücken Typen wie Bierröder hier noch schnell ihren Glimmstengel aus, bevor sie sich im Gym als Sportsmann aufspielen.“

„Sowas wird man nicht durch Anabolika. Sowas fängt an bei der inneren Einstellung, bei der Gesinnung. Der Lebenswandel gehört dazu, Gesundheitsbewusstsein, Fairplay und Rücksichtnahme auch im Alltag, Disziplin und Härte gegen sich selbst.“

„Was kann einer wie Bierröder davon einbringen, Tim?“

„Nichts. Außer Härte gegen andere – vornehmlich gegen wehrlose Tauben.“

Am Eingang des Fitness-Studios war eine Klingel. Tim drückte energisch auf den weißen Knopf. Das Läuten hinter der Tür übertönte die Geräusche von weiter hinten. Dort wurde an den Kraftmaschinen gezerrt, gedrückt, gerudert, gestoßen. Irgendwann würde sich der Erfolg schon zeigen – und sei’s in einem späteren Leben.

Die Tür wurde geöffnet. Ein solariumbrauner Typ mit mohrrübenblond gefärbtem Igelschnitt grinste einladend. Er trug Muskelshirt, damit auch niemand seinen Bizeps übersehen konnte, und eine lange Stretchhose mit Schwitzflecken.

„Hallo!“, tönte er. „Ihr wollt mitmachen? Wollt euch anmelden?“

„Nächste Woche bestimmt“, schwindelte Tim. „Heute Abend sind wir leider schon anderweitig ausgebucht. Wir müssen zum Chorsingen. Wird ja auch höchste Zeit. Bald ist Advent. Wenn wir uns dann anmelden, geschieht das auf Empfehlung eines Ihrer Mitglieder. Ich meine Helmut Bierröder. Und den müssen wir jetzt dringend sprechen.“

Der Trainer-Typ runzelte die Stirn, wo allerdings nur Platz war für zwei dicht übereinander liegende Falten.

„Ihr meint Helmut Bierröder, den dicken Inspektor?“

„Den! Genau den!“, bekräftigte Gaby, um nicht nur stumm dabeizustehn.

„Der hat uns empfohlen?“

„Wärmstens!“, versicherte Tim.

„Warum kommt er dann nicht mehr?“

„Er kommt nicht mehr?“ Tim hob die Brauen.

„Schon seit einem halben Jahr nicht mehr. Aber ich weiß, daß er jeden Freitag im ‚Biereimer‘ rumhängt. Ich weiß es, weil ich dort meinen Absacker kippe, mein Gute-Nacht-Bier – sobald ich hier fertig bin. Das darf man doch, wie? So wie ich gebaut bin!“

Er sah Gaby strahläugig an. Erwartete offenbar, dass sie auf die Knie sank, um ihn anzuhimmeln. Aber Tims Freundin pustete nur gegen ihren Goldpony und drehte etwas die Pupillen nach oben. Man konnte das auch als ein Oh-wiegeht-mir-dieses-Äffchen-auf-den-Keks deuten.

„Logo!“, entgegnete Tim. „Der Biereimer ist vermutlich eine Kneipe?“

„Kennt ihr nicht?“, war die erstaunte Frage.

„Wir trinken als Absacker nur Milch oder Schlaftee. Wo ist denn der Biereimer zu finden?“

Der Trainer erklärte es. Tim dankte, und Gaby quälte

DAS DARF MAN DOCH
WIE? SO WIE ICH GEBAUT
BIN!
CHAMP

sich ein Abschiedslächeln ins Gesicht. Sie wollte nicht unhöflich sein.

Karl und Klößchen froren und hüpften auf der Stelle.

„Und seine Gudrun denkt, er treibt Gymnastik", meinte Klößchen, nachdem Tim berichtet hatte. „Doch Bierröder tut das Gegenteil. Ist das nun Rücksichtnahme auf seine Ehehälfte, damit sie sich nicht grämt? Oder ist es heimlicher Freiraum, um die Sau rauszulassen?"

„Es ist auf jeden Fall unehrlich!", stellte Gaby fest. „Solche verlogene Heimlichkeit darf es in einer intakten Beziehung nicht geben. Dieser Bierröder hat wirklich nur Schattenseiten. Und das als Beamter!"

„Warum betonst du das?" Tim grinste.

„Weshalb grinst du so blöd?" Gaby pustete heftig. Das galt eigentlich ihrem Pony, traf aber Tim voll ins Gesicht. „Von einem Beamten erwartet man Redlichkeit. Sonst verliert er seinen Status als Beamter. Hm! Bei einem freiberuflichen Geldverdiener – einem Immobilienmakler zum Beispiel – fragt keiner, wieviele Vorstrafen er hat. Nicht mal bei einem Politiker. Da gilt das schon fast als gewieft."

„Bin ganz deiner Meinung, Pfote. Also auf zum Biereimer!"

12. Im ‚Biereimer'

Garantiert!, dachte Tim. Wir sind hier die einzigen Jugendlichen. Das ist wirklich Rotlichtszene pur. Ein Nachtlokal neben dem andern. In jedem Hauseingang aufgebrezelte Ladys im kurzen Rock. Drogis dackeln umher. Ferraris parken und Schweinebacken besetzen die Lokale.

Der ‚Biereimer' war ein Eckhaus und versuchte, von außen gemütlich zu wirken. Nichts erinnerte an eine Disko. Jedenfalls gab's keinen Türsteher.

TKKG bogen ab um die Hausecke in eine schmale und dunkle Gasse. Hier ging es ruhiger zu. Auf einer Seite war der Gehsteig zugeparkt. Die Kids hielten an.

„Wenn uns mein Papi hier sähe", sagte Gaby, „würde er fragen, was wir hier suchen."

„Unsere Antwort", sagte Tim, „würde ihn zwar nicht beruhigen, aber überzeugen. Freunde, von hier kann man in den Biereimer reingucken."

Er trat an eins der Fenster. Gaby stellte sich neben ihn.

Die Kneipe war in rotstichiges Dämmerlicht getaucht. Zwei Dutzend Gäste verteilten sich an den Tischen und der langen Theke. Über ihr schwebte ein mit Flaschen gefülltes Bord. Eine bedrohliche Konstruktion, wie Tim fand. Denn wenn dieses Arsenal herunterkrachte war die Katastrophe perfekt.

„Da ist er!", sagte Tim. Im selben Moment stieß er zischend die Luft aus. „Und mit wem sitzt er am Tisch! Das ist dieser Lothar Redl, Gaby! Der Giftköder-Fabrikant! Der Typ, den ich in den Fluss-Auen..."

„Ich erkenne ihn, Tim. Und ich erinnere mich auch."

„Klar. Ich bin ja nur total überrascht. Wieso kennt Bierröder diesen Redl?"

„Gesochs zu Gesochs!", urteilte Gaby. „Das ist wie mit

dem Gesindel. Da gesellt man sich auch zueinander. Aber wer sind die beiden Frauen?“

Eine Blondine und eine Brünette saßen bei Bierröder und Redl am Tisch, hatten tiefausgeschnittene Blusen und grellgeschminkte Gesichter. Die Blonde zeigte beim Lachen einen breiten Streifen vom oberen Zahnfleisch. Die andere gackerte bei der gleichen Heiterkeit wie ein Huhn und hüpfte auf ihrem Stuhl herum, po-lings.

„Die gehören zur Kneipe, Gaby“, stellte Tim fest. „Animiertussis. Die sorgen dafür, dass die Herren Zeche machen.“

„Herren? Siehst du irgendwo Herren?“

„Tim, Karl und ich“, tönte Klößchen aus der zweiten Reihe, „sind heute Abend in diesem Bezirk die einzigen Herren.“

„Dann bin ich in guter Begleitung“, nickte Gaby. „Also, ich muss mich wundern über den Inspektor. Seit einem halben Jahr, wie uns der blonde Igelkopf sagte, beschließt Bierröder hier seine Arbeitswoche. Aber nicht nur wegen des Bieres. Offenbar sucht er auch Damengesellschaft. Er belügt seine Frau also nach Strich und Faden. Immer mehr passt zusammen, wie? Der Taubenmörder ist auch ein Lügner und vermutlich auch ein Ehebrecher. Wenn er außerdem noch der Beißer ist, wäre uns was gelungen. Nämlich ein großer Fang.“

„Gleich wissen wir’s“, sagte Tim.

„Nämlich?“

„Ich gehe rein, ziehe die Ohrring-Arie ab und ihm die Unterlippe runter. Natürlich berühre ich sein Maul nicht mit bloßen Fingern. Karl, kannst du mir deine Handschuhe leihen? Oder wenigstens einen?“

Karl war immer der Erste im Spätherbst, der seine Fingerfutterale hervorholte. Dünn wie er war, fror es ihn beim

Bike-Brettern und scharfem Gegenwind leicht an den Vorderhufen.

„Den rechten Glove? Oder den linken?“, fragte er.

„Den linken.“

„Ich lasse den rechten an“, meinte Karl, „und komme mit. Besser ich als Gaby. Diese Kaschemme ist nichts für Mädchen. Sondern ausschließlich für Herren.“

„Haltet euch nicht zu lange auf!“ befahl Gaby.

Warme Luft, die nach verschiedenen Parfums roch schwallte den Jungs entgegen, als sie eintraten. Niemand trank Bier, wie Tim mit einem Rundblick feststellte. Name hin, Name her – hier zuzzelte man Sekt oder Champagner. Dafür sorgten die Animierdamen, die zu acht herumsaßen – an verschiedenen Tischen.

Hinter der Theke hantierten zwei kräftige Typen. Der im weißen Hemd sah aus wie der Wirt. Der andere war jünger und hatte einen blonden Stachel-Schnurrbart auf der zu kurzen Oberlippe.

Tim trug seine Cap wie üblich verkehrt herum. Zielstrebig schritt er zu dem Bierröder-Redl-Tisch. Der Inspektor saß mit dem Rücken zum Eingang und klatschte soeben der Blonden aufs Knie.

Redl bemerkte Tim und bekam einen Blick wie ’ne Doppelflinte.

„Heh!“, redete er über die drei anderen hinweg. „Jetzt gibt’s Terror. Gleich wirft uns dieser Krawall-Typ um. Peter Carsten heißt er – und ist gefährlich wie Zyankali. Darf der eigentlich hier rein? Ist der schon 18?“

„Nicht mal mit 80“, erwiderte Tim – und blieb hinter Bierröder stehen, „würde ich hier freiwillig reinkommen. Im übrigen geht’s nicht um Sie, Lothar Redl, sondern um unseren blutrünstigen Tauben-Killer. ’n Abend, Herr Inspektor.“

Tim trat einen Schritt vor, so dass Bierröder ihn sehen konnte. Die beiden Frauen hatten ihr Gekicher eingestellt und blickten kuhäugig.

„Von Ihrer Gattin“, Tim grinste, „hörten wir, dass Sie in der Herkules-Arena Gymnastik treiben, um ihren Speckwanst zu stählen. Aber dort hat man Sie schon lange nicht mehr gesehen. Weshalb wir Sie suchen? Sie haben heute Mittag – als Sie auf dem Rasen rumkrochen – Ihren Ohrring verloren.“

Bierröder hatte sich verfärbt. Aus blassen Augen starrte er Tim an. Mit der Linken griff sich der Inspektor unwillkürlich ans Ohr. Aber dort war alles in Ordnung, der kleine Goldreif hing nämlich im rosigen Läppchen.

Als hätte man einem Ferkel eine Ohrenmarke verpasst, dachte Tim. Er hatte die Faust, die rechte, nur kurz geöffnet. Es reichte nicht, um den vermeintlichen Ohrring als Büroklammer auszumachen.

„Ich habe nichts verloren“, sagte Bierröder kalt.

„Warum sind Sie nicht im Gym?“

„Das geht dich einen Dreck an!“

„Sagen Sie das nachher Ihrer Frau!“ Tim bleckte die Zähne. „Oh! Haben Sie sich verletzt? Oder ist das Lippenstift?“

Blitzartig griff er zu mit der linken Hand. Sie steckte in Karls Handschuh, und der war eigentlich um zwei Größen zu klein. Aber weil es sich um gestrickte Wolle handelte, dehnte er sich.

Bierröder wollte zurückweichen.

Aber Tim war schneller, packte die dicke Unterlippe mit Daumen und Zeigefinger und zog sie herab.

Enttäuscht ließ er los. Die Zahnreihe war lückenlos.

„Finger weg!“, brüllte der Inspektor.

„Schon gut! Schon gut! Ich will ja nur helfen.“

In diesem Moment platzte Redl mit seinem Gelächter los. Es schüttelte ihn. Er bog sich. Lachtränen traten ihm in die Augen. Sein Gesicht lief rot an.

Einige Gäste blickten her. Der Wirt hatte die Fäuste in die Hüften gestemmt. Sein Gespür für Zoff war gut entwickelt. Sicherlich kam das hier häufig vor.

Gleich wird er über die Theke flanken, dachte Tim, und sich auf mich stürzen.

„Hel... Helmut!" Redl japste. „Der... der Bursche hat... Weißt du, was der eben gemacht hat? Der... hat... hahahah... nachgesehen, ob du alle Zähne im Maul hast. Und weißt du, warum? Weil der Beißer heute Mittag einen Zahn verloren hat. Bei 'ner Beiß-Attacke auf eine Joggerin. Ich war zufällig in der Nähe. Und dieser Rambo hielt mich für den Beißer."

„Was?" Bierröder hielt sich eine Hand vor den Mund.

„Sie müssen Ihren Einfüllschacht nicht verstecken", sagte Tim. „Ihnen fehlt ja kein Nagezapfen. Aber wir hatten Sie im Verdacht. Denn Sie waren vor Ort, und technisch wäre der Überfall möglich gewesen. Die anderen Voraussetzungen stimmen sicherlich auch, denn wer Tauben die Köpfe abschlägt – jawohl, meine Damen! Damit vertreibt er sich die Dienststunden – der könnte auch zu anderen Gewaltakten fähig sein. Nun aber nichts für ungut, was das betrifft. Denn Ihre Nagezapfen stehen ja schön in Reih und Glied."

Er beugte sich etwas zu Bierröders ungeschmücktem Ohr. „Ihre Frau denkt, dass Sie jetzt im Gym Gemüsesaft bechern. Also keine Fahne nachher! Sonst gibt's Kloppe mit der Nudelrolle."

Er wandte sich an Redl. „Über Sie wissen wir inzwischen auch Bescheid, Sie Giftköder-Fabrikant! Unbegreiflich, dass man damit noch Geld verdient."

Redl grinste höhnisch. „Ich würde dich gern mal zum Essen einladen, Rambo. Zu Feinkost, frisch aus meiner Herstellung."

Tim erwiderte den Blick. „Ich komme gern. Aber nur, wenn Sie der Vorkoster sind."

Karl zupfte Tim am Ärmel, denn eben kam der Wirt hinter der Theke hervor. Also unnötigen Zoff vermeiden. Die Jungs wandten sich zur Tür und gingen dicht an dem Wirt vorbei, der Tim ins Gesicht starrte und mit einem breiten Grinsen belohnt wurde.

„Nette Bude haben Sie hier", sagte der TKKG-Häuptling. „Nur einige Gäste sind zum Speien."

„Verzieht euch!"

Im Hinausgehen zeigte ihm Tim noch den Finger, aber sehr dezent. Man konnte es auch für ein Winken mit kaltklammer Hand halten.

Vor dem ‚Biereimer' rollte ein dicker Mercedes vorbei. Der teigige Fahrer trug einen Mantel mit Pelzkragen und grinste erwartungsvoll.

Hinter der Hausecke sagte Gaby energisch: „Hauen Sie ab! Sie verwechseln mich! Ich bin nicht Ihre Lolita!"

„Sie heißt Gabriele!", bekräftigte Klößchen.

Tim und Karl gingen um die Ecke. Die Bikes lehnten alle an der gegenüberliegenden Hauswand. Gaby und Klößchen standen dort, aber nicht allein.

Ein Typ aus der Vorstandsriege, wie Tim fand, versuchte, Gaby anzubaggern. So ein Lacko von Mitte Fünfzig mit grauen Schläfen, Kamelhaarmantel und Breitnudelkragen. Unter dem schwarzen Stetson grinste ein Sabbergesicht.

Er wollte Gabys Arm fassen, aber sie sprang zurück. Dann prallte Tims Hand auf die linke Kamelhaarschulter, was man mit gutem Willen noch als Schulterklopfen auslegen konnte, obwohl dem Lacko die Knie einknickten.

„Geh weiter, Opa!“, empfahl der TKKG-Häuptling. „Hier ist nicht der Babystrich. Und im Biereimer warten ein paar reizende Damen auf dich. Alle in deinem Alter. Und mehr.“

„Heh!“ Der Mann wich zurück. „Ich... Ach, egal!“ Er zog ab.

„Gefährliche Gegend!“, sagte Klößchen.

„Gleich hätte ich ihn vors Schienbein getreten“, empörte sich Tims Freundin. „Wieso hält der mich für ein Straßenmädchen?“

„Keine Menschenkenntnis“, sagte Tim. „Außerdem betrunken. Und den Bierröder können wir vergessen. Er hat alle Hauer im Dröhntrichter und sein Privatleben geht uns nichts an. Sollte er mit seiner Dienstanweisung zum Taubentöten fortfahren, werden wir ihn allerdings daran hindern.“

Gaby nickte, schielte scheu nach links, ohne den Kopf zu wenden, und neigte sich Tim zu, flüsternd.

„Du, da ist so ein Typ. Jetzt sitzt er in dem grauen Kombi. Der Typ ist eben hier rumspaziert, hat in den Biereimer reingelinst und interessiert sich offensichtlich für Bierröder und Redl. Auf eine ganz verstohlene Weise. Als er uns bemerkt hat, hat er sich zu seinem Wagen getrollt. Ich glaube, der Typ hat ein Opernglas. Oder ein kleines Fernglas. Jedenfalls äugt er damit in die Kaschemme. Jetzt wieder. Guck nicht hin! Es ist so ein kleiner bulliger Typ, grad mal so groß wie Klößchen, ist semmelblond und mit rundem Schädel.“

Interessant!, dachte Tim.

13. Niiiiiieeeeee!

Der graue Kombi mit hiesigem Kennzeichen parkte mit zwei Rädern auf dem Bordstein und hatte sich geschickt postiert.

Während TKKG scheinbar angeregt diskutierten, äugte Tim hinüber.

Aus der Position des Fahrers reichte der gerade Blick zu einem der Seitenfenster des ‚Biereimers'. Und die Verlängerung dieser Blickrichtung führte tatsächlich zu dem Vierertisch, an dem wieder gealbert wurde, verbunden mit Tuchfühlung.

Das Licht einer Straßenlaterne fiel auf die Windschutzscheibe. Die war novemberlich dreckig, aber Tim sah den hellen Klecks des Gesichts – und das Opernglas, das sich der kleine Bullige vor die Augen hielt.

„Vielleicht ist er mit den beiden Frauen verwandt", meinte Klößchen. „Mit der Blonden oder der Brünetten. Vielleicht der Bruder. Oder der Ehemann. Und jetzt spioniert er aus, was die beiden so treiben. Könnte ja sein, dass sie nicht hauptberuflich Animiermädchen sind, sondern mehr ehrenamtlich… äh, hobbymäßig."

„Diese Vermutung liegt natürlich nahe", meinte Tim. „Aber ich glaube, diese abgefeierten Motten sind nicht zum Nachspionieren. Nein, ich glaube, der beobachtet Redl und/oder Bierröder."

„Ein Taubenfreund?", spekulierte Klößchen.

„So sieht er nicht aus", sagte Gaby rasch. „Man sieht zwar nicht jedem Gesicht an, was dahinter gedacht und empfunden wird. Aber der hat ein unangenehmes Gesicht. Eher gewalttätig."

„Ich habe mir die Autonummer gemerkt", ließ Karl sich vernehmen. „Über die kriegen wir raus, wer es ist. Falls er im eigenen Wagen sitzt. Wird er wohl. Denn ein Leihwagen ist das nicht."

„Wir könnten ihn direkt fragen", überlegte Tim laut. „Aber wenn er die Antwort verweigert, müssen wir passen, denn wir haben kein Druckmittel."

„Ohne Druck läuft gar nichts!" Klößchen grinste.

Gaby hatte die Hände tief in die Taschen ihrer gefütterten Windjacke geschoben. Unter dem Wollmützchen hing der goldblonde Pferdeschwanz hervor. Er pendelte zwischen den Schulterblättern, als Gaby die wenigen Schritte zum Anfang der Gasse ging und die verruchte Rotlichtviertel-Straße entlangblickte, in der der Betrieb jetzt etwas abgeflaut war, weil Gäste und Kunden ihre Adressen gefunden hatten.

Wenn sie wieder angequatscht wird, dachte Tim, verliere ich die Geduld. Dann gibt's Zoff mit Abklatschen.

Gaby blickte nach rechts, winkte dann ihren Freunden kurz zu und sohlte los – ab hinter die Hausecke, zu Tims Entsetzen. Sofort hinterher!

Er holte seine Freundin ein.

„Gaby, wohin? Was ist los? Wir sind hier nicht im Jugendzentrum. Hier grinst die Gefahr für junge Mädchen aus jedem Hauseingang."

„Weiß ich doch. Aber dort bin ich sicher, Tim."

Es war der achte oder neunte in der Reihe der parkenden Wagen: ein dunkelblauer BMW, eher unauffällig.

Zwei Männer saßen drin. Vorn. Sie blickten in die andere Richtung und wandten sich erstaunt um, als Gaby die rechte Hintertür öffnete und hineinglitt.

„Guten Abend, Herr Lohner! Guten Abend, Herr Kunzmann!", zwitscherte sie. „Komm rein, Tim! Hier ist es schön warm."

Na, also!, dachte Tim. Meine Gaby! Die ist ausgeschlafen und hat den totalen Überblick wie eine Kommissarin im Einsatz.

Auch Tim grüßte.

Lohner war Kriminalkommissar, ein – echter netter – Kollege von Gabys Vater. Kunzmann war Kriminal-Assistent. Beide grinsten.

„Wo kommt ihr denn her?“, fragte Lohner. „In dieser Gegend, um diese Zeit! Also, Gaby, ich muss mich wundern. Das heißt, bei TKKG wundert man sich ja überhaupt nicht mehr. Ich will auch gar nicht wissen, ob dein Vater Bescheid weiß. Bärbel“, er meinte seine eigene Tochter, „ist zwei Jahre älter als du, Gaby. Aber sie ist brav zu Hause und guckt Fernsehen.“

Vonwegen!, dachte Tim. Vorhin haben wir gesehen, wie Bärbelchen am Doorman vorbei in die x-1-Disko gerauscht ist. Mit einem Schnicki-Schnösel im Schlepptau. Aber das verraten wir dem Papa nicht.

„...sind wir auch brav“, erklärte Gaby gerade. „Man kann ja brav und gleichzeitig unterwegs sein. Nicht wahr, Tim?“

Sie stieß ihn an.

„Logo!“, bestätigte er. „Wir leiden nur alle etwas unter Bewegungsdrang. Sogar Klößchen.“

„Ist der auch hier?“, fragte Kunzmann.

„Er und Karl. Sie warten dort hinten.“

Gaby beugte sich zwischen die beiden Vordersitze. Das brachte ihre langbewimperten Blauaugen besser ins Spiel. Und den Duft ihrer Seife.

Sie hat was vor, dachte Tim. Und er ahnte, was kommen würde.

„Wir beschatten eine Taubenmörder-Konnäktschen“, flüsterte seine Freundin. „Schlimme Typen sind das. Wir kennen noch nicht alle, aber wir sind am Ball, und allmählich wächst unser Durchblick. Nur von einem wissen wir im Moment weder Namen noch Adresse. Also, ich würde es Ihnen niiiiiieeeeee vergessen, Herr Lohner, und Ihnen auch nicht, Herr Kunzmann, wenn Sie uns da helfen könnten."

„Wirklich niiiiiieeeeee?" Lohner grinste über sein freundliches Vatergesicht.

„Niiiiiieeeeee!", versicherte sie.

„Was können wir tun für den kriminalistischen Nachwuchs?"

„Der Typ sitzt in einem grauen Kombi. Der parkt vor dem Biereimer, aber zurückgesetzt – mit Blick in die Gasse. Ist so ein kleiner semmelblonder Rundkürbis. Er hat ein Fernglas und beobachtet die … die Umgebung."

Kunzmann spähte in den Außenspiegel. „Den Wagen sehe ich."

„Und du meinst", Lohner seufzte, war aber machtlos gegen Gabys Charme, „wir sollen uns den Typ mal auf unverbindliche Weise ansehen."

„Klar! Führerscheinkontrolle. Oder sowas. Kommt doch dauernd vor, dass diese Prollos ohne Erlaubnis fahren."

„Dein Vater wird uns Vorwürfe machen."

„Weil Sie uns helfen? Niiiiiieeeeee!"

Lohner und Kunzmann stiegen aus.

Tim war schon draußen und fragte erst dann, ob er mit kommen dürfe, wogegen nichts einzuwenden war. Gaby blieb im Wagen und kuschelte sich in die Polster.

Tim war größer als Kunzmann, wirkte aber eindeutig jünger. Allerdings nicht um die tatsächlichen zwölf Jahre, sondern allenfalls um neun. Trotzdem hielt er sich hinter den beiden Beamten, die so gekleidet waren, wie es hier zur Szene passte. Jeans, Sweatshirts, Parka bzw. gefütterte Lederjacke. Lohner trug geschnürte Outdoor-Treter, Kunzmann hatte Crosstraining-Turnschuhe. Die sind angeblich

POLIZEI! FAHRZEUG-KONTROLLE!! IHREN FÜHRERSCHEIN, BITTE!

tauglich für Jogging, Gewichtheben, Aerobic und Ballspiele. Tim, der Supersportler, kann diese Behauptung allerdings nicht bestätigen. Und Kunzmann war ohnehin mehr der Typ, der Tischtennis als Leistungssport betreibt.

Die Beamten voran – Tim mit etwas Abstand: so stiefelten sie zu dem Kombi.

Der semmelblonde Kugelkürbis zündete sich gerade eine Zigarette an und war damit total beschäftigt. Lohner klopfte an die Seitenscheibe. Kugelkopf blickte auf, drückte sofort auf die Türensicherung und schob die Brauen zusammen.

Es war ein hartes Gesicht, wie Tim im Schein der Lichtpeitsche erkennen konnte.

Lohner klopfte abermals. Kürbiskopf öffnete das Fenster einen Spalt.

„Polizei!", sagte der Kommissar und zeigte seine Legitimation. „Fahrzeugkontrolle! Ihren Führerschein, bitte!"

Kugelkopf stöhnte, öffnete das Fenster ganz, wühlte in seiner Brieftasche und reichte einen Führerschein heraus, der ein bisschen wie ein Wischlappen aussah: zerfranst und zerknüllt.

Lohner erinnerte sich an den TKKG-Häuptling hinter sich und las laut vor.

„Sie sind Herr Holger Lewatzki, 38 Jahre alt, geboren in Friedemannshausen... eh... wo ist denn das?"

„Gleich hinter Altsackroden", erwiderte Lewatzki mit heiser klingender Stimme.

„Und wo ist das?"

„Herr Kommisar, worum geht's denn eigentlich? Ich habe Schuhgröße 39, einen Hauptschulabschluß, bin gelernter Dreher und zur Zeit arbeitslos. Außerdem ledig, weil mich nur Frauen unter einsfünfzig anmachen. Bin ja selbst nur einsneunundfünfzig. Aber die Mädchen aus meiner Generation sind ja leider ganz riesig. In der Länge, meine ich. Suchen Sie Drogen-Dealer? Ich bin keiner, Herr Kommissar. Und ich rauche nur mit Filter.“

„Niemand beschuldigt Sie, Herr Lewatzki. Nicht aufregen! Es handelt sich um eine ganz normale Kontrolle. In dieser Gegend gehört das zur Nachtordnung. Wir suchen immer irgendwelche Gesetzesbrecher. Dealer, Mädchenhändler, Autoschieber, Mafiosi aus Moskau oder Palermo, Ausbrecher, Einbrecher, Bankräuber und Taschendiebe. Allerdings liegt uns kein Fahndungsersuchen vor über jemanden Ihrer Größe.“

„Doch!“, sagte Kunzmann leise. „Der kleine Bankräuber! Der ist ziemlich kurz geraten.“

„Natürlich!“ Lohner gab den Ausweis zurück. „Den habe ich vergessen.“

„Jaja“, meinte Lewatzki. „Kleine Leute übersieht man. Sogar als Bankräuber. Kann ich das Fenster jetzt zumachen?“

„Gleich. Worauf warten Sie hier?“

„Ich warte nicht. Ich überlege, ob ich irgendwo reingehe. Aber ich bin zu scheu. Schwellenangst, wissen Sie. Und wie leicht wird man hier abgezockt. Besonders ein Kleiner wie ich.“

„Nur Mut!“, wünschte Lohner. „Und noch einen recht schönen Abend.“

Habe ich mich geirrt?, überlegte Tim, als sie zu Gaby zurückgingen. Oder ist Lewatzki wirklich zusammengezuckt? Nämlich bei der Erwähnung des kleinen Bankräubers. Na, kann Zufall sein. Denn hier ist ja weit und breit kein Geldinstitut.

„Super!“, bedankte er sich bei den beiden Beamten. „TKKG vergisst Ihnen das niiieee!“

Lohner und Kunzmann lachten. Gaby wurde informiert.

Auch sie konnte mit dem Lewatzki-Namen nichts anfangen. Dann sockte das Kids-Pärchen zu seinen Freunden zurück.

Karl und Klößchen hatten natürlich alles beobachtet.

„Starke Idee von dir, Gaby!“, meinte Karl. „Lewatzki sitzt übrigens immer noch im Wagen und hat wieder das Fernglas.“

„Mich kennt er jetzt vom Sehen“, sagte Tim. „Aber wichtiger ist, dass ich ihn kenne. Denn seine Beobachterei ist natürlich von Bedeutung.“

„Seine Adresse fehlt uns noch“, sagte Gaby. „Aber die kriegen wir raus. Wozu gibt's Telefonbücher.“

14. Heißes Druckmittel

Seit einer halben Stunde hatte Tim seine Idee von allen Seiten beleuchtet und war nun zu einem Ergebnis gekommen. Untypisch lange hatte er dazu gebraucht. Denn Nötigung, die Vorstufe zur Erpressung, war eigentlich nicht sein Ding. Selbst dann nicht, wenn das Druckmittel gebraucht wird für eine gute Sache. Aber in diesem Fall ging es um Lebewesen, um Tiere, um Tauben. Da, dachte Tim, müssen moralische Bedenken zurückstehen.

„Freunde!“, sagte er, während sie noch immer in der Gasse standen. „Seid ihr euch darüber im Klaren? Den Bierröder haben wir voll in der Hand. Wir können ihn auf die Knie zwingen.“

„Mit Gewalt?“, fragte Klößchen. „Mit ’nem Kick in die Kniekehle?“

„So doch nicht!“ Tim schüttelte den Kopf. „Sondern, indem wir ihn erpressen. Er hat offensichtlich Angst vor seiner Gudrun. Denn die ahnt ja nicht, dass er seit einem halben Jahr Freitag für Freitag im Biereimer rumsumpft, statt in der Herkules-Arena Hanteln zu schwingen oder wenigstens Rumpfbeugen zu versuchen. Und nicht nur, dass er hier sein Inspektoren-Gehalt durch die Kehle jagt – nein, er lässt sich auch noch abzocken von diesen Profi-Schlampampen. Wahrscheinlich mit Ehebruch und so. Damit haben wir ihn im Doppelnelson, klar?“

„Wo haben wir ihn?“, fragte Klößchen.

„Im Schwitzkasten.“

„Verstehe. Wir können ihn unter Druck setzen.“

„Davon rede ich die ganze Zeit.“

„Was dann so ginge“, sagte Karl: „Er lässt die Tauben in Ruhe und wir schweigen still. Wenn er weiter wütet, stecken wir seiner Gudrun ein Licht auf.“

„Exakt.“

Gaby zog erst die eine Schulter hoch, dann die andere. „Das ist aber ’ne fiese Tour. Denn wir decken ein Unrecht, indem wir dichthalten.“

„Petzen“, meinte Tim, „ist auch nicht die feine neudeutsche Art. Doch, Gaby! Ich finde, wir müssen das ausnutzen, was uns unser Observieren eingebracht hat: nämlich einen tiefen Einblick in Bierröders abgründige Freizeitgestaltung.“

„Das musst du dann machen.“

„Klar!“

Tim stand so, dass er durchs Fenster den Vierertisch beobachten konnte. Dort wurde soeben gezahlt. Offenbar teilten sich Redl und Bierröder die Rechnung.

„Die Herren brechen auf“, meinte Tim. „Und wir sollten jetzt zu Petra Delius brettern. Sie muss wissen, dass wir Bierröder mattsetzen können. Sie darf sich nicht von Kovechluser hinhalten lassen. Das schmeckt mir einfach nicht. Nein! Morgen muss er den Beschluss zurücknehmen, aussetzen, kippen, aufschieben – was weiß ich. Jedenfalls dürfen ab sofort, also ab morgen, keine Giftköder mehr ausgelegt werden. Und die Taubenfütterung nach ökologischem Maßstab bleibt straffrei! So und nicht anders!“

„Wann erpressen wir Bierröder?“, fragte Karl.

„Heute nicht mehr.“

„Weshalb nicht?“

„Wenn er oberaffenschlau wäre, könnte er unseren Plan vermasseln?“

„Wie das?“

„Durch Vorwärtsverteidigung. Indem er jetzt nach Hause dackelt und seiner Frau beichtet, dass er nicht turnt, sondern sich abfüllen lässt. Dann fechten die beiden ihren Rosenkrieg aus und wir würden ins Leere stoßen. Allerdings glaube ich nicht, dass er die Courage aufbringt. Trotzdem ist es besser, wenn wir bis morgen noch abwarten."

TKKG zogen sich etwas weiter in die Gasse zurück und beobachteten, wie Redl und Bierröder den ‚Biereimer' verließen. Aber nicht allein, sondern in Begleitung der beiden Schnepfen. Vor der Kaschemme trennte man sich. Jedes – gemischte – Paar zog in eine andere Richtung ab.

„Na, also!", sagte Tim. „Er macht das Maß voll. Notfalls bieten wir die Blonde als Zeugin auf. Aber dazu wird es nicht kommen."

„Irgendwie kann ich ihn verstehen", meinte Klößchen, „denn seine Gudrun ist ja wirklich keine Offenbarung."

Mit der Bemerkung lag er bei Gaby völlig daneben.

„Immerhin hat er sie geheiratet", pfiff sie Klößchen an. „Sie ist seine Frau. Keine Offenbarung? Na und! Bierröder ist von einem Adonis soweit entfernt wie du von einer Windhund-Figur. Er betrügt. Er hintergeht. Vor ihm muss man ausspucken. Wo kämen wir denn hin, wenn sich jeder Mann seine Abenteuer suchen dürfte/könnte/sollte – nur weil seine Frau keine Miss Germany ist. Habe ich recht, Tim?"

„Ich kann da nicht mitreden. Meine Freundin ist für mich die Miss Welt."

Das stimmte Gaby wieder milde. Und Klößchen steckte seine verbale Prügel ohne Widerspruch ein.

Bevor die Kids abrückten, warf Tim noch einen Blick auf Holger Lewatzkis grauen Kombi. Aber der Wagen – eben noch hier – war jetzt verschwunden. Der Kleintyp mit dem Kugelkopf war abgerauscht. Und natürlich war er einem der Pärchen gefolgt. Aber welchem? Redl und der Brünetten? Oder Bierröder und der Blonden?

Schiet!, dachte Tim. Das haben wir verpasst. Zu blöd!

Er machte seine Freunde aufmerksam auf die veränderte

... DENN SEINE GUDRUN IST JA WIRKLICH KEINE OFFENBARUNG.

Situation. Alle äugten umher. Aber die Observierungs-Objekte hatten sich weggeklinkt aus der verruchten Rotlicht-viertel-Straße, in der es jetzt beinahe öde zuging.

15. Petras Angst in der Tiefgarage

Petra Delius hatte die neuen Ladenschlusszeiten ausgenutzt und noch eingekauft. Ihr Kleinwagen war mit Plastiktüten gefüllt. Kaum dass noch Platz war für die stattliche 183-cm-Größe der zur Zeit arbeitslosen Erzieherin.

In einem Schnellimbiss hatte sie Spaghetti gegessen, eine Coke getrunken und immer wieder über Kovechluser nachgedacht. Würde er klein beigeben? Oder war die Endlösung für die Tauben für ihn eine Machtprobe? Trickste er bereits, ohne das sie, Petra, ahnte, was vorging?

Jetzt befand sie sich auf dem Heimweg.

Ein dunkler Novemberabend. Nebel drückte auf die Millionenstadt. Abendjogger bevorzugten das Laufband im Badezimmer oder hechelten auf dem Standfahrrad mit eingebautem Kalorienverbrauchs-Zähler. Solche Probleme hatte Petra nicht. Sie war schlank, musste sogar aufpassen, dass sie nicht zu mager wurde.

Sie wohnte in ruhiger Gegend. Das Apartmenthaus stand etwas zurückgesetzt von der Blechglanz-Straße, verfügte über Fahrstuhl, Tiefgarage und kleine Balkone.

Petra wohnte im dritten Stock. Jetzt fuhr sie in den Betonschlauch, der in die Tiefgarage hinunter führte, und betätigte durchs Fahrerfenster ihren Sicherheitsschlüssel für das Schloss des automatischen Tors.

Es öffnete sich. Nach genau einer Minute – wenn Petra längst durchgefahren war – würde es sich wieder schließen.

Petra mochte die Tiefgarage nicht. 40 Wagen konnten hier parken. Die Belüftung funktionierte. Aber der lange, flache Raum war schlecht zu überblicken.

Hinter jedem geparkten Wagen konnte sich jemand verstecken. Hinter jeder Säule. Von denen gab es viele, und größere Fahrzeuge mussten mühsam manövrieren.

Die Tiefgarage war Petra unheimlich. So oft sie rein- oder rausfuhr – nur selten hatte sie andere Hausbewohner hier angetroffen.

An Plätzen wie hier, dachte Petra, werden Frauen überfallen. Immer wieder hört man davon. Nicht umsonst gibt es bereits Parkgaragen nur für Frauen. Das hilft vielleicht etwas. Aber einschleichen kann sich trotzdem jeder übel wollende Kerl.

Sie hatte die Box Nummer 27, parkte ein zwischen zwei Säulen, schaltete den Motor aus und blieb sitzen.

Stille. Sie summte in den Ohren. Dann rumpelte irgendwo hinter den Mauern die Fernheizung, summte, brummte, gurgelte, hörte alsbald wieder auf.

Stille.

Warum steige ich nicht aus?, dachte Petra.

Ein Gefühl, ein Instinkt hinderte sie daran.

Der Motor knisterte. Petra parkte frontal zur Mauer. Das war grauer Beton mit kleinen Rissen und abgeblätterter Farbe. In Kniehöhe zog sich ein schokobrauner Streifen rund um den Raum. Ein sinnloser Anstrich.

Petra blickte in den Rückspiegel, dann in beide Außenspiegel. War sie allein?

Ja. Total. Ganz allein. Dann zuckte sie zusammen. Denn irgendwo hinten, außerhalb ihres Blickfeldes, glitt ein Schatten zur Seite.

Aber das war wohl eine Sinnestäuschung. Denn als Petra sich umdrehte, konnte sie nichts ausmachen. Keinen Schatten, keine Gestalt, nichts Verdächtiges.

Die Tiefgarage war ständig beleuchtet. Aber nicht festlich, sondern gerade so, dass man ohne eigenes Licht fahren konnte. Ein sumpfiges Dämmerlicht, nicht kalt und nicht warm, zu schwach, um Lesen zu können, aber hell genug, um seine Box zu finden.

27

28

Jetzt steige ich aus, dachte sie. Himmel, ich bin keine Minute von meiner Wohnung entfernt. Aber diese Garage – das ist Nervenkrieg. Sollte ich mich lieber unter die Laternen stellen mit meinem Heckenhüpfer? Kein Vergnügen bei Eis und Schnee. Und Winter wird's bald. Außerdem ist die Batterie schon sehr schwach.

Sie stieg aus.

Der aschblonde Pferdeschwanz hing ihr lang auf den Rücken. Sie trug eine sportliche Jacke mit Reißverschluss und hohem Kragen. Jacke und Jeans sahen mitgenommen aus. Die Schnürschuhe hatten schiefe Absätze. Petra vernachlässigte sich zwar nicht, was Hygiene betraf, war aber an modischen Finessen keine Spur interessiert.

Acht Einkaufsbeutel wollten jetzt transportiert sein.

Petra beugte sich in ihr Fahrzeug.

In derselben Sekunde tauchte die Gestalt hinter ihr auf.

Ein Mann. Groß, kräftig, den Kopf unter einer Wollmaske versteckt. Sie reichte über die Oberlippe. Aber der Mund blieb frei.

Petra hörte ein Geräusch hinter sich. Sand knirschte unter Schuhsohlen. Ein Atem ging heftig.

Sie erstarrte vor Schreck, richtete sich auf, wollte herumfahren, aber nichts ging mehr.

Ein gorillastarker Arm umklammerte sie, drückte ihren Hals, schnürte ihr die Luft ab. Petra konnte nicht schreien. Genutzt hätte es ohnehin nichts.

Ein Stofflappen, der beißend stank, wurde ihr auf Mund und Nase gepresst.

Chloroform?!

Sie versuchte, den Atem anzuhalten. Sie versuchte, hinter sich zu schlagen, zu treten. Dicht hinter ihrem linken Ohr wurde sein heftiger Atem zum Gelächter. Ein leises, dumpfes Lachen über diese vergebliche Gegenwehr.

Petra musste atmen. Im nächsten Moment verlor sie das Bewußtsein.

„Na, also!", murmelte der Täter. „Ruhe sanft – und für immer!"

Er ließ die Bewusstlose zu Boden gleiten, trat hinter den Wagen und öffnete den Kofferraum.

Der hatte mehr Fassungsvermögen als man bei einem Kleinwagen dieser Bauart vermuten konnte, war aber trotzdem eng.

Der Täter nahm Petras Armbanduhr an sich, zog der jungen Frau zwei bescheidene Ringe von den Fingern, raubte auch ihr Portmonee mit Scheckkarte und Führerschein. Zuletzt riss er Petra das Goldkettchen vom Hals, wobei der Verschluss kaputtging und eine Schmarre im Nacken zurückblieb.

Der Täter schleifte Petra zum Kofferraum und hievte sie hinein.

Wäre die hochgewachsene Frau bei Bewusstsein gewesen, hätte alles Mühen nichts genützt. Aber jetzt wurde sie hineingepfercht wie eine Kontorsionistin (Artist), deren Knochen sich biegen lassen wie Gummi.

Was als Schlangenmensch-Nummer im Zirkus begeistern mag – hier war es eindeutig Körperverletzung. Rohe Brutalität, die der Täter Petras Gelenken und Rückgrat antat.

Doch das war noch nicht das Schlimmste.

Er drückte den Deckel zu und schloss den Kofferraum ab. Ohne diesem tödlichen Gefängnis noch einen Blick zu widmen – was später bedeutungsvoll sein würde – wandte er sich ab.

Die Einkaufstüten lagen noch auf Rück- und Nebensitz, gefüllt mit Brot, Obst, Gemüse, Käse, Konserven und einer kleinen Torte in attraktiver Pappschachtel.

Der Täter ließ alles liegen, schloss den Wagen auch vorn

ab, lief zur Ausfahrt, wobei er seine Maske abnahm, benutzte dort Petras Schlüssel für das Tor und wartete, bis es sich öffnete.

Draußen hatte er gelauert. Hier war er hinter dem Kleinwagen hereingeschlichen, ungesehen.

Der Betonschlauch beschrieb eine Kurve.

Kam ein Wagen entgegen? Der Täter horchte. Nein. Dort war alles still.

Er lief hinaus. Hinter ihm schloss sich das Tor. Und schon bald an diesem Abend – das hatte der Täter sich ausgerechnet – würde Petra Delius in ihrem Kofferraum ersticken.

16. Ein Stück vom blonden Pferdeschwanz

Gaby wusste Petras Adresse in der Blechglanz-Straße und hielt es für unnötig, vorwarnend dort anzurufen.

„Glaubt mir, Jungs! Sie ist zu Hause. Sie ist nicht der Typ, der spätabends in der Szene rumhängt. Petra steht früh auf, denn die Tauben müssen früh morgens gefüttert werden."

Jetzt hielten TKKG vor dem Apartmenthaus an und Tim stellte mit Blick auf seine Armbanduhr fest, dass es sooo spät noch nicht war.

Klößchen sollte auf die Bikes aufpassen. Er war der Dickste und am wärmsten angezogen. Außerdem bestand keinerlei Aussicht, dass Petra Schokolade vorrätig hatte.

Eben trat ein älteres Paar durch die Haustür ins Treppenhaus und Tim eilte hinzu mit einem: „Guten Abend! Da können wir ja auch gleich mit rein."

Den Leuten war das recht, denn die drei Kids sahen aus wie wohl gesonnene Verantwortungsträger. Gaby grüßte, Karl grüßte und Tim fragte dann, in welcher Etage eine gewisse Petra Delius wohne, denn hier endete Gabys Informationspegel.

„Diese große junge Frau mit dem Pferdeschwanz?", fragte der Mamn. „Ich glaube, in der dritten. Rechts. Wir wohnen in der fünften. Auch rechts. Man hat einen schönen Blick Richtung Plötten-Park. Aber dort stehen leider nur Laubbäume. Und die sind jetzt so kahl wie mein Kopf."

Er nahm seinen Hut ab und zeigte seine Glatze.

„Gernot!", sagte seine Frau vorwurfsvoll. „Wen interessiert denn das?!"

„Jedenfalls steht es Ihrem Mann, dieser Blankschnitt",

meinte Tim, während alle in den Lift stiegen. „Und bei einem Männerkopf ist ohnehin der Inhalt wichtiger als die Schurwolle."

„Und bei einem Frauenkopf?", fragte Gaby.

„Da muss beides stimmen."

Dann hielt der Lift im dritten Stock. Die Kids stiegen aus und wünschten dem Kahlkopf und seiner Frau eine angenehme Nacht.

„Nette Leute!", meinte Karl. „Aber Gernot leidet unter seinem Haarausfall. Sonst würde er nicht mit dem obenohne kokettieren. Da weiß seine Frau wenigstens, was sie ihm zu Weihnachten schenken kann: eine Perücke. Am besten gleich zwei – in Blond und in Braun. Einmal den Scheitel links, einmal rechts."

„Pst!", machte Gaby. Denn das Ehepaar stieg oben aus dem Lift und im hallenden Treppenhaus war jedes Wort zu vernehmen.

Tim hatte Petras Wohnungstür entdeckt und schon zweimal geläutet. Doch niemand kam, niemand öffnete.

„Du hast dich getäuscht, Gaby. Sie dümpelt doch in der Szene rum."

„Nein! Niiiiiieeeeee täte sie das. Wenn es hochkommt, geht sie spät einkaufen. Wenn sie die Abendveranstaltung vom Tierschutzverein besucht – dann ist das, als flippe sie aus."

„Solider Bomber!", meinte Tim. „Hoffentlich laufen die interessanten Spätfilme auch nachmittags."

Er hatte ein drittes und viertes Mal geklingelt. Vergeblich.

In diesem Moment öffnete sich die Wohnungstür nebenan und die Nachbarin – eine Gertrude Dingelhof, wie das Namensschild verriet – zeigte sich.

Sie mochte 70 sein, trug einen flotten Homedress in gepunkteter Seide, hatte schon Nachtcreme aufgetragen, glänzte nämlich wie eine Speckschwarte, und hielt ein schlankes Bierglas in der ebenfalls schlanken Hand.

„Ist was, Kids?“, fragte sie kehlig. „Macht Petra nicht auf? Sie ist da. Das weiß ich. Weiß ich genau. Wieso macht sie nicht auf? Ist die Klingel kaputt? Mir war doch, als hörte ich das Läuten. Hier sind ja die Wände so dünn. Eine Bruchbude, sagte ich euch. Die Miete ist trotzdem unverschämt. Junge, läute doch noch mal! Das beunruhigt mich sonst.“

Mit dem Jungen meinte sie Tim, der vor der Türglocke stand. Er tat Gertrude den Gefallen, ließ den Daumen auf der Klingel und alle hörten, wie hinter der Tür das Ding-Dong nicht aufhörte.

„So tief schläft niemand“, stellte Tim fest. „Wird sie manchmal ohnmächtig?“

„Nö! Petra ist gesund.“ Gertrude nahm einen Schluck Bier.

„Wir wollen sie besuchen“, erklärte Gaby. „Wir gehören zum Tierschutzverein. Es geht um ein Problem.“

„Ich mag Tiere“, sagte Gertrude und nahm noch einen Schluck.

„Sie wissen genau, dass sie zu Hause ist?“, fragte Tim.

„Ganz genau.“

„Sie haben gehört, wie sie in die Wohnung ging?“

„Das nicht.“

„Sondern?“

„Ich sah ihren Wagen. Vom Fenster aus. Ich sah, wie Petra in die Tiefgarage fuhr.“

„Sie kennen ihren Wagen?“

„So genau wie meinen. Ich fahre einen 15 Jahre alten Porsche.“

„Stark. Wann haben Sie Petras Wagen gesehen?“

DASS PETRA IN DIE WOHNUNG GI HABEN SIE NICHT GEHÖRT?

„Ungefähr vor… Moment! Da hatte ich mir gerade die Nägel lackiert“, sie bemerkte Tims Blick auf ihre Finger und fügte hinzu, „die Fußnägel. Die andern kommen morgen dran. Also, es ist noch keine halbe Stunde her. Nein, weniger. 20 Minuten vielleicht.“

„Dass Petra in die Wohnung ging, haben Sie nicht gehört?“

„Nein. Aber wenn ich den Kopfhörer drauf habe, höre ich das sowieso nicht. Beim Zehenlackieren höre ich am liebsten Mozart. Das ergänzt sich. Das passt zusammen. Nicht wahr?“

„Total!“ Tim nickte.

Er hatte nachgedacht. Petra war also in die Tiefgarage gefahren, dann aber offensichtlich nicht in ihre Wohnung gekommen. War die junge Frau noch unten? Bastelte sie an ihrem Wagen herum? Was war passiert?

„Wir werden mal in der Garage nachsehen“, sagte der TKKG-Häuptling. „Vielleicht wird dort unsere Hilfe gebraucht. Vielen Dank für die Auskunft, Frau Dingelhof. Man kann mit dem Lift bis ins Souterrain fahren, ja? Na, wunderbar! Dann Gute Nacht!“

Sie nickte freundlich und zog sich zurück in ihre Wohnung.

Tim, Karl und Gaby besetzten den Lift und fuhren ganz nach unten. Dort landeten sie in einem kahlen, kalten, keller-typischen Vorraum. Eine Stahltür mit der Aufschrift ‚Garage‘ wies den Weg.

Tim ging voran, blinzelte in das schwache Dämmerlicht der Tiefgarage und blickte umher.

„Niemand da“, sagte Karl.

„Hm.“

„Hallo, Petra!“, rief Gaby.

Ihre Stimme hallte. Die Antwort blieb aus.

„Suchen wir!“, meinte Tim. „Ihren Wagen kennen wir ja.“

Sie gingen umher. Nahezu alle Boxen waren besetzt. Bis auf wenige Ausnahmen waren also alle Hausbewohner in ihren vier Wänden.

Gaby entdeckte Petras Wagen zuerst. Er stand in der Box Nummer 27. Gaby probierte die Türen.

„Abgeschlossen. Sie hat offenbar eingekauft. Die Tüten sind noch drin. Dann ist sie also weggegangen. Zu einem Spaziergang? Kann ich mir nicht vorstellen. Das würde Petra nicht machen. Nicht um diese Zeit. Die Straßen sind dunkel und verlassen. Da wäre auch mir nicht geheuer.“

Tim hatte sich neben seine Freundin gestellt und blickte in das kleine Fahrzeug. Er spürte eine seltsame Spannung in sich, als wäre die Luft elektrisch geladen. Sein Instinkt signalisierte das. Hier war was passiert. Ohne Zweifel!

Karl stand hinter dem Kleinwagen und stützte sich auf den Kofferraum.

„Vielleicht ist sie irgendwo im Haus in einer anderen Wohnung“, sagte Tim. „Bei Bekannten.“

Bevor Gaby antworten konnte, rief Karl: „Heh! Was ist denn das? Hier bürstelt ja ein Fuchsschwanz übers Nummernschild.“

Karl starrte den Kofferraum an. Was Tim dort sah, stellte ihm die Nackenhaare auf. Fingerlang hingen aschblonde Haarspitzen unter dem Kofferraumdeckel hervor.

„Leute! Das ist kein Fuchsschwanz. Das sind Petras Haare. Ihre Haarspitzen! Eingeklemmt unterm Deckel!“

Er versuchte den Kofferraum zu öffnen. Aber der war verschlossen. Tim klopfte aufs Blech.

„Petra! Hallo! Sind Sie dort drin?“

Keine Antwort.

Tim spürte, wie es ihn eiskalt überlief. Auch Gaby wurde

fahl und ihre Lippen zitterten. In Karls entsetzter Miene war die Befürchtung klar zu lesen: War Petra tot? Lag ihre Leiche im Kofferraum?

Tim sprintete zurück in den keller-typischen Vorraum. Dort in der Ecke hatte er massives Werkzeug gesehen, offenbar abgestellt vom Hausmeister: schweres Nageleisen, Vorschlaghammer, Handhebelfettpresse, mehrere Flachmeißel, Spaltkeil, Holzaxt und einen Satz Stemmeisen.

Tim krallte sich, was er brauchte, und begann dann wie ein Wahnsinniger, den Kofferraum zu demolieren. Denn das Öffnen ging nicht ohne Zerstörung. Aber Tim gab höllisch acht, dass Petra – die hier zweifellos eingeschlossen war – nichts abbekam.

Blech kreischte. Metall barst. Tims Kraft war es zu verdanken, dass schon nach weniger als zwei Minuten das Schloss seinen Geist aufgab. Noch ein Ruck mit dem Nageleisen – und der Deckel öffnete sich.

Entsetzt starrten die drei auf Petras reglose Gestalt. Die junge Frau war buchstäblich zusammengefaltet und hineingepresst worden.

Tim legte ihr die Fingerspitzen an den Hals und prüfte den Puls.

„Gott sei Dank! Sie lebt."

17. Nachts hinter der Gardine

Ein buttergelber Vollmond schien in dieser Nacht auf Wien herab, auf die österreichische Hauptstadt. Das bleiche Licht fiel auf das Häusermeer, auf den Zentralfriedhof, auf den Prater und auch auf das Kriminalmuseum, wo jetzt alle Fenster dunkel und alle Türen verschlossen waren.

„Sofie!“, sagte Powidl, der mit Vornamen Karl hieß, aber von seiner Frau Sofie immer mit ‚Powidl‘ angeredet wurde. „Das ist aber seltsam.“

Er stand am Fenster. Es war das Schlafzimmer. Kein Licht. Powidls Nachthemd wallte bis auf die Knöchel. Er war in mittleren Jahren und neigte zu Verdauungsstörungen. Jetzt stand er also am Fenster und spähte durch die Gardine zum Kriminalmuseum, das schräg gegenüber lag.

„Was ist seltsam, Powidl?“

Sofie lag schon im Bett, war müde, gähnte und bereute, dass sie auch heute wieder vier Stück Mehlspeise – also Kuchen – zu sich genommen hatte. Sie litt an Übergewicht. Der Arzt hatte ihr die „Fresserei“ verboten.

„Da ist jemand im Tor verschwunden, Sofie.“

„In welchem Tor, Powidl?“

„Na, im Hinterhof zum Museum.“

„Sicherlich muss er mal. Da gehen doch oft welche rein, wenn sie aus der Reblaus kommen. Und müssen.“

„Ja, schon! Aber der hat sich so argwöhnisch umgesehen. Er hat zwei Behälter.“

„Was für Behälter, Powidl?“

„Ich weiß nicht. Es sah aus wie Benzinkanister.“

„Unsinn, Powidl! Was wollte er denn jetzt mit zwei Benzinkanistern im Hinterhof vom Museum anstellen?“

„Was weiß ich! Sitze ich in seinem Kopf?“

DA IST JEMAND IM TOR VERSCHWUNDEN, SOFIE.

„Du stehst am Fenster, Powidl, und solltest endlich ins Bett kommen, dass Ruhe ist."

Aber Powidl blieb. Er war gespannt. Und auf eine sensationsgeile Weise beunruhigt.

Die Gestalt, die er gesehen hatte, war jetzt schon zwei Minuten – nein, länger – auf dem dunklen Hinterhof. Wieviele Schoppen vom Heurigen – dem jungen Wein – muss jemand trinken, um solange zu pieseln? Powidl überlegte.

Sofie begann zu schnarchen. Vier Stück Mehlspeise lagen schwer in ihrem Magen.

Powidl schrie auf. Sofie schreckte hoch.

„Jetzt sehe ich ihn", rief er. „Er ist an der Hintertür. Er macht dort rum. Er bricht ein. Ja, er bricht ein."

„Herrgott nochmal, Powidl! Hast du mich erschreckt! Ich kriege noch einen Herzschlag – nur weil du so närrisch bist."

„Er bricht ein, Sofie!"

„Unsinn! Wer sollte in ein Kriminalmuseum einbrechen. Dort gibt es keine Schätze. Wer stehlen will, geht zum Juwelier, Powidl. Übrigens musst du mein Armband endlich abholen. Der Verschluss ist längst repariert."

„Jetzt ist er drin. Mit den beiden Benzinkanistern."

„Mit Benzinkanistern? Warum sagst du das nicht gleich! Sowas hat man doch nur, wenn man einen Brand legen will."

Sie wälzte sich aus dem Bett und trat neben ihren Mann. Auch sie trug ein langes Nachthemd und im Dunkeln hätte man beide für Gespenster halten können.

„Ich sehe niemanden, Powidl."

„Weil er schon drin ist, wie ich bereits sagte. Mit den Kanistern."

„Worauf wartest du? Ruf die Gendarmerie an!"

„Ja!"

Powidl stürzte aus dem Schlafzimmer, machte Licht in der Diele, blätterte zitternd im Rufnummer-Verzeichnis und wählte schließlich.

Der Gendarmerie-Posten für diesen Bezirk war nur zwei Geh-Minuten entfernt und Powidl erklärte einem müden Sicherheitsbeamten, was er gesehen hatte.

Eine Minute später fuhr unten ein Polizeifahrzeug vor. Ohne Dachlicht und ohne Sirene. Drei Beamte – zwei in Zivil und einer in Uniform – sprangen heraus und stürmten auf den Hinterhof.

Sofie und Powidl standen am Fenster und hofften auf ein Schauspiel mit Schießerei, Handgemenge und dramatischem Höhepunkt. Sie würden es genießen, hatten sogar die Gardine etwas zur Seite gezogen.

Sofie bekam vor Aufregung Heißhunger. Sie bat Powidl, ihr ein Stück Mehlspeise aus der Kammer zu holen. Aber der dachte nicht daran. Nichts wollte er verpassen von dieser Sensation.

Doch die blieb aus. Keine Schüsse, keine Toten. Nach etwa drei Minuten flammte im Hof Licht auf. Zwei der Beamten führten ihren Gefangenen ab. Er war mit Handschellen gefesselt, ließ den Kopf hängen und sah dem weiteren Verlauf dieser Nacht düster entgegen.

Der dritte Beamte kam über die Straße und wollte offensichtlich zu den Powidls, denn der Zeuge im Nachthemd hatte seine Adresse angegeben.

„Zieh dir was über, Powidl!“, befahl Sofie. „So kannst du den Inspektor nicht empfangen.“

18. Schlimme Vererbung?

Der Polizeiarzt hatte Petra Delius versorgt.

Ihr Rückgrat schmerzte. Ihre Gelenke taten weh. Aber sie war nicht ernstlich verletzt. Allerdings fühlte sie sich schwach. Der Luftmangel in dem engen Kofferraum wirkte sich aus. Immerhin war sie die ganze Zeit bewusstlos gewesen, was immer mit sehr flacher Atmung einhergeht.

„Deshalb ist sie mit diesem Sauerstoff-Minimum ausgekommen“, erklärte der Arzt den Kids. „Aber lange hätte dieses Luftangebot nicht mehr gereicht.“

„Und dann?“, fragte Gaby beklommen.

„Dann wäre Frau Delius erstickt.“

„Also ein Mordanschlag“, sagte Tim.

„So lässt sich das nicht sagen. Man weiß ja nicht, ob der Täter mit Vorsatz gehandelt hat. Vielleicht dachte er sich nichts dabei, als er sie dort einsperrte.“

„Hm. Immerhin wäre es dann noch ein Überfall mit Todesfolge geworden. Ohne unser Eingreifen.“

„Das allerdings.“

Petra war wieder einigermaßen auf den Beinen, stand aber unter Schock. Sie hatte ausgesagt. Doch das hellte nichts auf. Ein Überfall, hinterrücks, den Täter nicht gesehen, keinen Hinweis auf ihn, keine verwertbare Spur von ihm. Die Beamten, die den Sachverhalt aufnahmen, griffen buchstäblich ins Leere.

„Ein Raubtäter“, meinte einer der Kriminalbeamten.

Sie waren vom zuständigen Revier. TKKG kannten keinen von ihnen. Und die Beamten hatten auch nicht reagiert, als sie Gabys Nachnamen erfuhren.

„Am liebsten würde ich Sie ins Krankenhaus einweisen, Frau Delius“, sagte der Arzt.

Aber davon wollte Petra nichts wissen.

„Das ist wirklich nicht nötig. Mir geht es schon wieder recht gut. Und meine jungen Freunde bleiben noch bei mir."

TKKG nickten wie auf Kommando. Das Funkgerät des Einsatzleiters tönte. Schwere Schlägerei in der Beckröder Straße. Sie mussten los.

Tim fand erst jetzt Gelegenheit, sich in dem Apartment umzusehen. Es war gemütlich eingerichtet und an den Wänden hingen Tierbilder, hauptsächlich gerahmte Poster von Katzen, Pferden und Vögeln.

„Jetzt können wir reden", sagte Petra über blasse Lippen. Dann fiel sie Gaby um den Hals. „Ohne euch – ohne euch alle – wäre ich jetzt... wäre ich jetzt tot. Ihr habt mir das Leben gerettet."

„Frau Dingelhof ist auch beteiligt", sagte Gaby, „sogar mit dem entscheidenden Hinweis. Sie scheint schon zu schlafen. Sonst würde sie sicherlich rüberkommen."

Oder sie hat den Walkman auf den Lauschern, dachte Tim, rasiert sich mit dem Lady-Shave die Beine und hört dazu Verdi. Gut so! Denn trotz ihrer verdienstvollen Information können wir die Frau Nachbarin im Moment nicht gebrauchen.

Petra setzte sich auf die Couch, wo Gaby schon die Beine kreuzte und gegen ihren Pony pustete. Karl und Klößchen hatten Sessel belegt. Tim saß auf einem harten Holzstuhl, der antiquarisch aussah und etwas wackelte.

„Ich muss euch etwas sagen." Petra strich sich über die Stirn.

Nur zu!, dachte Tim. Hat sie den Ordnungshütern was verschwiegen? Weiß sie vielleicht doch, wer der Täter sein könnte?

„Ich habe euch heute Nachmittag nicht alles erzählt", begann Petra. „Weil ich mich an mein Versprechen gebunden fühlte. Immerhin habe ich das dem Kovechluser gegeben."

„Wir hören." Gespannt beugte sich Tim vor.

„Ich war doch in Wien. Und dort hat mir der Zufall etwas Unglaubliches zugespielt. Nämlich eine Information über Kovechlusers Urgroßvater. Der hieß Friedrich und wurde im Jahre 1902 hingerichtet. Er hat Frauen ermordet und die Dokumentation über ihn im Kriminalmuseum…"

Petra erzählte.

Gebannt hörten TKKG zu.

Es war wirklich unglaublich.

Petra ließ nichts aus und berichtete über jede Einzelheit.

Aber als sie dann geendet hatte, hakte Tim nach.

„Dieser geisteskranke Triebmörder hat also seine Opfer… totgebissen?"

Petra nickte. „Grauenvoll, nicht wahr? Er fühlte sich als Raubtier."

Gaby schüttelte sich. Karl und Klößchen staunten noch aus großen Augen. Tim zischte durch die geschlossenen Zahnreihen.

„Das ist doch ein Wahnsinns-Hinweis!", rief er. „Seht ihr das nicht?"

„Was meinst du?", fragte Karl.

Tim lehnte sich zurück und blickte auf ein Katzenfoto an der gegenüberliegenden Wand.

„Wer hat Petra vorhin überfallen? Mit wem hat sie Zoff? Wie wir jetzt erfahren, hat sie den Kovechluser heute Nachmittag schwer unter Druck gesetzt. Genötigt. Erpresst. In die Enge getrieben. Freilich! Als Motiv für den Überfall in der Tiefgarage ist das zu mager. Guter Ruf hin, guter Ruf her. Ein ehrenwerter Name ist nicht gleich im Eimer, nur weil in der Ahnengalerie ein Ungeheuer war. Nein! Deshalb macht man keinen Mordversuch. Denn das – davon bin ich jetzt überzeugt – war's. Aber der Knackpunkt liegt ja auch woanders!"

In den Mienen dämmerte Verstehen und Tim fuhr fort: „Kovechluser muss etwas ganz anderes befürchten. Nämlich dass jemand Parallelen zieht zwischen Uropa Friedrichs Metzelmethode und dem Beißzwang des Beißers."

Stille, Staunen. Petra war noch blasser geworden.

„Du meinst", sagte Gaby, „Friedrich hat sein unheilvolles Verhaltensmuster an unseren Taubenfeind vererbt, hat es sozusagen weitergegeben in die vierte Generation."

Tim nickte. „Aber abgeschwächt. Bernhard Kovechluser hat bisher nicht gemordet. Er ist nur – nur in Anführungsstrichen – ein Unhold. Er vergeht sich an seinen Opfern. Aber vor allem beißt er sie. Dieser Raubtierinstinkt liegt offensichtlich in der Familie."

„Wahnsinn!", murmelte Klößchen. „Bei uns ist es nur die Hinwendung zum guten Essen. Und zur Schokolade. Bin gespannt, was meine Kinder mal machen werden. Vielleicht wird mein Sohn Lakritzen-Freak und meine Tochter verkauft ihre Seele für eine Tüte Gummibärchen."

„Du wirst es erleben", sagte Tim. „Aber das hat ja noch Zeit. Aktuell ist dieser Mistkerl. Ich wette mein Bike darauf, dass er Petra beseitigen wollte. Und das Verbrechen als Raubüberfall getarnt hat. Als Raubüberfall mit überzogenem Abgang. Kovechluser sieht die Parallelen zwischen sich und seinem ekelhaften Altvorderen."

Ein Frösteln lief durch den Raum und überzog alle Häute. Selbst Tim fühlte sich peinlichst in seiner Seele berührt.

„Wir müssen uns Gewissheit verschaffen", sagte Gaby.

„Gewiss doch!"

„Ob ihm ein Zahn fehlt."

„Darauf wette ich schon wieder."

KOVECHLUSER MUSS ETWAS GANZ ANDERES BEFÜRCHTEN.

„Dein Bike?“, fragte Klößchen grinsend.

„Was du willst.“

Dann überlegten alle, wie jetzt vorzugehen sei.

„Wir suchen ihn heim“, sagte Tim entschlossen. „Dein Vater, Pfote, muss sich trotz aller Befugnis beim Vorgehen zurückhalten. Uns sind die Hände weniger gebunden. Wir können Kovechluser die Unterlippe runterzerren. Ich mache das.“

„Sicherlich wieder mit meinem Handschuh“, sagte Karl.

„Aber als ich heute Nachmittag mit ihm gesprochen habe“, wandte Petra ein, „ist mir nichts aufgefallen. Allerdings – er spricht ja immer mit fast geschlossenen Lippen. Man sieht seine Zähne nicht. Die unteren schon gar nicht. Ich glaube, er hält das für vornehm.“

Vornehmer wäre, dachte Tim, wenn er seinen Trieb im Griff hätte. Aber dieser Mistkerl führt ein Doppelleben. Stadtrat und erfolgreicher Unternehmer auf der einen Seite – auf der anderen, der Nachtseite, schlägt Friedrichs genetische Erbmasse durch: Geisteskrankheit, Abartigkeit, unkontrollierter Trieb, Verbrechen.

„Wir holen ihn aus dem Bett“, sagte Tim und stand auf. „Sie, Petra, bleiben natürlich hier. Sowas ist eine TKKG-Äktschen. Wir rufen Sie an.“

19. Abgeschleppt

Die Brünette hieß Hedwig. Aber sie nannte sich Sabrina. Für ihren Nachnamen interessierte sich Redl nicht.

Der Giftköder-Fabrikant hatte die Animierdame eingeladen. Zu sich nach Hause. Dort wollten sie weiterfeiern. Allein zu zweit. Und da er ihr allerlei Versprechungen machte – unter anderem die Aussicht auf ein geldwertes Geschenk – war sie nur zu gern einverstanden.

Jetzt saßen beide in Redls protzigem Wagen und der Giftköder-Fabrikant fuhr aus der Großstadt hinaus in die kleine Gemeinde im Umland, wo er sein Haus hatte und den Betrieb.

Eine mondlose Nacht. Jedenfalls hier. Über Wien war zwar längst der Vollmond aufgegangen und hatte dem Privatdetektiv André Hawliczek die Brandstiftung vermasselt mit verhängnisvollen Folgen, denn zur Zeit schwitzte der Typ im Sicherheitsbüro unter strengem Verhör – hier jedoch, über der TKKG-Stadt und der Region, waberte eine novembergraue Wolkendecke.

„Du bist doch nicht etwa verheiratet?", fragte Sabrina.

„Nö."

„Wirklich nicht?"

„Ehrenwort nicht."

„Wäre ja auch schlimm, wenn deine Frau plötzlich auftaucht."

„Ich habe keine. Helmut ist verheiratet. Helmut Bierröder. Aber seine Gudrun hängt ihm zum Halse raus."

„Das habe ich gemerkt."

„Wieso? Er hat sie doch mit keinem Wort erwähnt."

„Aber er ist total abgefahren auf Madeleine", so nannte sich die Blondine, die in Wirklichkeit Erika hieß, „und ein Mann tut das nicht, wenn er seine Traumfrau zu Hause hat."

„Kann schon sein."

„Was machst du eigentlich beruflich, Lothar?"

„Chemische Industrie."

„Oh!"

„Ja, ich bin Chemie-Fabrikant."

„Schlaftabletten oder Schlankheitspillen?"

„Äh… Schlaftabletten. Allerdings sehr starke."

„Schenkst du mir welche? Ich kann oft nicht einschlafen."

„Äh… ich stelle Schlaftabletten für Viecher her. Für Tiere."

„Was du nicht sagst!", staunte sie. „Haben die auch Schlafstörungen?"

Er überlegte, was er darauf antworten sollte, und entschied sich zu einem Achselzucken und einem gemurmelten „offenbar!"

Dann ärgerte er sich über den Rowdy, der ihn in diesem Moment mit überhöhter Geschwindigkeit überholte. Es war ein grauer Kombi und der Fahrer konnte kaum übers Lenkrad gucken. Der Wagen verschwand im Nebel und Redl wandte sich wieder Sabrina zu, die eigentlich Hedwig hieß.

20. Kovechlusers Alibi

Es war spät, aber noch lange vor Mitternacht, als TKKG in der Seidenwalder Allee vor Nummer 33 stoppten. Und richtig! In Kovechlusers Protzbunker war noch Licht.

Gaby hatte inzwischen zu Hause angerufen und sich, herzerweichend bettelnd, die Erlaubnis geholt, noch nicht heim zu müssen. Sie sei mit den Jungs unterwegs, hatte Tims Freundin erklärt. Und das beruhigte Frau Glockner, denn trotz allen TKKG-Wagemuts wusste Gabys Mutter doch, dass Tim eher ein Bein opfern würde als seine Freundin in Gefahr zu bringen.

„Kovechluser schläft noch nicht“, sagte Klößchen und gähnte. „Unverständlich! Er könnte in die Poofe kriechen, könnte sich vom Sandmännchen berieseln lassen und dann einen wegschnarchen. Er muss doch nicht aufbleiben wie unsereins, dieser Meucheltäter und Taubenfeind. Stattdessen hängt er wahrscheinlich vor der Glotze.“

„Oder er ist seelisch erregt“, meinte Karl, „weil er – nach seinem Info-Stand – erstmals mit Urgroßvater Friedrich gleichgezogen hat. Zwar hat Bernhard die Petra nicht totgebissen. Aber er wollte sie ersticken. Mit dem gleichen Ergebnis.“

Gaby fröstelte, was nicht nur an der nächtlichen Kälte lag. Denn menschliche Grausamkeit kann noch viel kälter sein.

Tim, der hinter seiner Freundin stand, legte beide Arme um sie. Und Pfote kuschelte sich für einen Moment an seine Schulter.

„Also los!“, meinte der TKKG-Häuptling dann. „Je später der Abend, umso unangenehmer die Gäste. Nehmen wir uns den Mistkerl zur Brust!“

Das Tor stand offenbar immer offen. Sie lehnten die Räder an die Hauswand. Karl klingelte.

Die Taktik hatten sie sich zurechtgelegt. Von ihrem Wissen über den mörderischen Altvorderen sollte zunächst nichts erwähnt werden. Vorausschauend auf das, was sein könnte, war tricksen angesagt. Kovechluser sollte glauben, Petra halte ihr für Erpressung taugliches Wissen noch immer unter Verschluss. Um es – wie sich das für eine ‚verrückte Taubentante' gehört – gezielt einsetzen zu können.

In der Diele flammte Licht auf. Hinter dem Mattglaseinsatz der Haustür bewegte sich eine Gestalt.

Eine Frau!, registrierte Tim. Wahrscheinlich sein Ehe-Tiger. Na, mal sehen.

Neben der Eingangstür wurde ein schmales Fenster geöffnet. Die rechte Hälfte einer knochendürren Frau von Ende Vierzig zeigte sich.

„Ja?"

„Guten Abend!", grüßte Tim. „Entschuldigen Sie die späte Störung! Aber wir müssen unbedingt mit Herrn Kovechluser sprechen."

„Mein Mann ist jetzt nicht zu sprechen. Es geht auf Mitternacht."

„Wir wissen, wie spät es ist, Frau Kovechluser. Aber es muss sein."

„Wer seid ihr überhaupt?"

Tim nannte seinen Namen und besorgte die Vorstellung seiner Freunde.

„Und worum geht's?"

Rosa Kovechluser zeigte jetzt ihr ganzes Gesicht. Es erinnerte Tim an ein freundliches Pferd – mit großen Zähnen und etwas dümmlichen Augen.

„Um die Verbrechen", erwiderte er.

„Mein Mann hat jeden Montagnachmittag Sprechzeit im Rathaus. In seinem Büro im ersten Stock."

Tim atmete tief. „Wir verstehen zwar, Frau Kovechluser,

UM WAS FÜR EIN VERBRECHE GEHT'S?

dass Sie uns um diese Zeit nicht hereinbitten wollen. Aber ich betone noch einmal: Es muss sein. Sonst sind wir in einer halben Stunde wieder hier: mit der Polizei."

Stille.

„Polizei?", tönte dann die fettige Stadtrat-Stimme aus dem Hintergrund. „Das klingt ja wie eine Drohung. Na, lass sie mal rein, Rosa!"

Kovechluser hatte sich nicht gezeigt, aber alles mitgehört. Jetzt war er offenbar nervös geworden.

Die Kids duften also eintreten und man musterte sich.

Kovechluser trug Cordhosen, Pullover und Slipper. Er sah aus wie sein eigener Hilfsarbeiter.

Und so stimmt der Eindruck!, dachte Tim. Denn im Nadelstreifen-Kaftan mit seidenem Kulturstrick um den Feistnacken wirkt er ja immer wie verkleidet. So echt wie ein Weihnachtsmann, der mit dem Snowboard antanzt statt mit dem Klingelschlitten.

Rosa hatte das Fenster geschlossen und auch die Haustür. Die Diele war geräumig. Es gab eine – durch einen Mauervorsprung abgeteilte – Garderobe, eine Treppe ins Obergeschoss, Türen nach sonstwohin und eine Gruppe mit drei hübschen Sesseln.

Wohndiele mit Klo-Anschluss und Marmorboden, dachte Tim.

Und hier sollte das Gespräch stattfinden nach Kovechlusers Willen.

Der Mann vergrub die Hände in den Hosentaschen. Seine Frau blieb neben ihm stehen.

„Um was für ein Verbrechen geht's?", fragte er.

„Um einen Raubüberfall." Auch Tim vergrub die Hände in den Taschen.

„Weshalb kommt ihr damit zu mir?"

„Weil Sie der Täter sind."

In Rosas dürrem Pferdegesicht waren jetzt mindestens 20 Zähne zu sehen. Sie staunte.

Kovechluser nahm die Hände aus den Taschen. „Ich?“

„Sie.“

„Da habt ihr euch aber gründlich geirrt. Ich mache keine Raubüberfälle. Ich bin Bauunternehmer und ich bin Stadtrat.“

„Sie wurden aber gesehen.“

„Wo wurde ich gesehen?“

„Vor etwa einer Stunde war's: in der Blechglanz-Straße. Sie kamen aus dem Apartmenthaus, in dem Petra Delius wohnt. Aber Sie kamen nicht vorn heraus, sondern Sie liefen die Einfahrt von der Tiefgarage herauf.“

Das alles war kühne Behauptung, denn einen Augenzeugen gab es ja leider nicht. Aber das konnte Kovechluser nicht wissen.

„Ich glaube, ich war noch nie in der Blechglanz-Straße. Und vorhin schon gar nicht. Da hat mich jemand verwechselt. Was ist denn passiert?“

„Petra Delius, mit der Sie ja total verfeindet sind, wurde in der Tiefgarage überfallen, beraubt – was natürlich nur von dem wahren Motiv ablenken soll – und dann in den Kofferraum ihres Wagens eingesperrt, nachdem der Täter sie mit Chloroform betäubt hatte. Also ein Mordanschlag. Man hält es nicht für möglich, dass ein Mann in Ihrer Position soweit geht. Ist Ihnen denn die Taubenvernichtung sooo wichtig?“

Kovechluser wandte sich seiner Frau zu. „Hast du das gehört? Die vier sehen doch ganz vernünftig aus. Aber sie sind übergeschnappt.“

„Sie haben ein Motiv“, beharrte Tim. „Sie sind total verfeindet mit Petra Delius.“

„Junge! Wir sind nicht verfeindet. Wir sind nur unterschiedlicher Auffassung darüber, wie diese Millionenstadt unter der Taubensch... erstickt."

„Diese Stadt erstickt höchstens unter den falschen Beschlüssen der Politiker", sagte Gaby. „Nicht unter dem Taubenkot."

„Davon versteht ihr nichts."

„Mehr als Sie glauben."

Bevor das Gespräch zu tierschützerisch wurde, schaltete sich Tim wieder ein.

„Wo waren Sie vor einer Stunde, Herr Kovechluser?"

„Geht es um mein Alibi?"

„Worum denn sonst? An Ihrem Terminkalender sind wir nicht interessiert."

„Ich war hier."

Rosa, die bisher ihr Augenmerk nur auf TKKG gerichtet hatte, warf regelrecht den Kopf herum und sah ihren Mann an.

„Ihre Frau fällt vor Erstaunen fast um", sagte Tim. „Und ich frage nochmals: Wo waren Sie vor einer Stunde?"

Kovechluser grinste. Aber seine Stirn glänzte feucht.

„Wollte nur mal sehen, wie beharrlich du bist. Ja, ich habe einen Spaziergang gemacht. Die Straße runter bis nach Auenröde. Ich war ziemlich lange unterwegs. Wegen der frischen Luft. Ich komme viel zu wenig raus."

„Sie sind natürlich allein spaziert?"

„Ich bin natürlich allein spaziert. Meine Frau bevorzugt das Fernsehprogramm."

Das gefiel Rosa nicht. Sie sah ihren Mann ärgerlich an.

„Würden Sie mal die Unterlippe herabziehen, Herr Kovechluser!", verlangte Tim.

„Was?"

„Wir wollen Ihre unteren Zähne sehen."

„Weshalb?"

„Wir wollen sehen, ob da einer fehlt."
„Und wozu soll das gut sein?"
„Das sagen wir Ihnen hinterher. Fehlt Ihnen einer der unteren vorderen Zähne?"
„Nein!"
„Zeigen!"
Kovechluser fasste sich mit Daumen und Zeigefinger in beide Mundwinkel und zog tatsächlich die Unterlippe herab.
„Da fäääällltsch niiichchchtsssss", sagte er undeutlich durch diese Grimasse.
Im selben Moment erhielt er abermals von Rosa einen unbeabsichtigen Dolchstoß in den Rücken. Es war nur ein Zusammenzucken, kaum merklich – doch Tim nahm es wahr.
Die richtige Vermutung explodierte ihm förmlich hinter der Stirn.
„Aber da hat was gefehlt, nicht wahr! Und Sie waren vorhin beim Zahnarzt."
Schweigen.
Kovechluser bedachte Rosa mit einem Warum-bist-du-nicht-vor-deiner-verdammten-Glotze?-Blick.
„Besser, Sie sagen es uns", warnte Tim. „Wir kriegen raus, wer Ihr Zahnarzt ist und tanzen dann mit der Kripo dort an."
Kovechluser schwitzte jetzt stärker. „Ich verstehe nicht, was das alles soll. Aber gut! Ich sag's. Ja, ich habe mir heute Abend bei meinem Schwager Dr. Bachrippe einen Zahn einsetzen lassen. Den hier!"
Mit dem Zeigefingernagel wurde gegen den künstlichen Nagezapfen geklopft.
Tim spürte ein Kribbeln auf dem Rückgrat.
Klößchen murmelte, Dr. Bachrippe sei auch sein Zahn-

arzt. Gaby machte einen Schritt zurück, als fürchte sie sich plötzlich vor Kovechluser.

„Wobei haben Sie den Zahn verloren?", fragte Tim.

„Bei einem Unfall auf der Baustelle. Ich bin unglücklich gefallen. Eine Stahlstange hat mir den Zahn rausgestoßen."

„Wann war das?"

„Heute Mittag."

„Gibt es dafür Zeugen?"

„Soviel du willst. Maurer, Gipser, Hilfsarbeiter, mein Vorarbeiter Bialke. Sogar der Baggerführer Wrenzel war da. Ich habe geblutet, und es tat weh. So! Und jetzt will ich wissen, weshalb euch mein Zahn interessiert!"

„Das hat nichts mit dem Taubenkrieg zu tun", behauptete Tim, „sondern mit einem anderen Fall, in dem wir nachforschen."

„Nämlich?"

„Der Beißer – Sie wissen, wen ich meine? – der hat heute Mittag bei einem Überfall am Tatort einen Zahn verloren. Hat ihn sich ausgebissen an einem seiner weiblichen Opfer. Und wir überprüfen jetzt jeden, der noch eigene Zähne hat."

Kovechluser staunte. Dieses Staunen war echt und verunsicherte Tim. Himmel! Wenn nun alles ein Irrtum war?!

„Davon weiß ich noch gar nichts", sagte der Stadtrat. „Aber wenn das so ist, habe ich einen heißen Tip für euch. Denn mein Schwager Dr. Bachrippe sagte vorhin, als ich mit dem Notfall zu ihm kam, heute sei wohl der Tag der ausgebrochenen Zähne. Weil... Verdammt! Das darf ich nicht verraten."

„Raus damit!", forderte Tim.

Kovechluser atmete sich einen Mühlstein von der Brust. „Ein anderer Patient hatte das gleiche Malheur, das gleiche Missgeschick."

„Wer?"

IHR WISST DAS NICHT VON MIR. KLAR? DER MANN HEISST BIER-RÖDER.

„Also das…"

„Wer?"

„Ihr wisst das nicht von mir. Klar? Der Mann heißt Bierröder. Helmut Bierröder und…"

„Kennen wir. Ist auch so ein Taubenfeind. Hat er gesagt, wie's bei ihm passiert ist?"

„Eine Schlägerei."

Tim nickte. Und sah seine Freunde an. Genugtuung auf allen Gesichtern. Also doch!

Und mit sanierter Kauleiste, dachte Tim, ist Bierröder dann gleich in den ‚Biereimer' abgetaucht. Und jetzt zieht der Taubenhenker mit der blonden Tussi umher. Aber so fröhlich wird der Abend nicht für ihn enden.

„Wie geht es Frau Delius?", fragte Kovechluser.

„Inzwischen wieder recht gut."

„Ist sie verletzt?"

„Zum Glück nicht. Wir wollten sie besuchen und haben sie rechtzeitig in ihrem Wagen gefunden. Der Arzt hat ihr dann ein Beruhigungsmittel gegeben. Jetzt schläft sie."

„Im Krankenhaus?"

„In ihrer Wohnung."

„Ich bin besorgt, weil der Augenzeuge diese Aussage gemacht hat. Es gibt also einen Gewalttäter, der mir ähnlich sieht."

„Offenbar", nickte Tim, nun versöhnlich wie einer, dem die falsche Verdächtigung leid tut.

„Hoffentlich wird er bald gefunden."

„Das hoffen wir auch. Also, dann entschuldigen Sie die Störung. Nichts für ungut. Man kann sich ja mal irren: der Augenzeuge und wir. Aber es hätte so gut zusammengepasst. Sie verstehen. Was die Tauben betrifft, müssen Sie aber weiterhin mit Petras Widerstand rechnen. Und mit unserem auch."

„Ich bin darauf vorbereitet“, grinste Kovechluser.

Zwei Minuten später standen TKKG bei einer Telefonzelle und Gaby rief im Präsidium an, wo ihr geliebter Papi Nachtdienst hatte und – ein Glück – an seinem Schreibtisch war.

Gaby berichtete umfassend, sparte aber Petras Entdeckung über den enthaupteten Frauenmörder Friedrich Kovechluser noch aus.

Tim registrierte, dass der Kommissar offenbar alarmiert war. Denn Gaby musste etliche Fragen beantworten – und das mit einer gewissen Hast. Schließlich legte Tims Freundin auf. Sie schien zufrieden zu sein.

„Kovechlusers Alibi wird erst morgen überprüft werden. Papi rechnet damit, dass es seine Richtigkeit hat. Denn so plump würde der Stadtrat nicht lügen. Und nicht jeder seiner Leute wäre in einer so kitzligen Angelegenheit zu einer Falschaussage bereit.“

„Und Bierröder?“

„Der kommt jetzt dran. Papi besorgt sich nur noch den Durchsuchungsbefehl.“

„Dann läuft die Chose“, meinte Tim. „Und wir beziehen unseren Posten.“

Alle schwangen sich auf die Bikes und fuhren zurück in die Blechglanz-Straße.

21. Steckschuss und Streifschuss

Dieser Idiot, dachte Holger Lewatzki, der kleine Bankräuber. Er hat nichts gemerkt. Er ist größenwahnsinnig. Er fühlt sich sicher. Er unterschätzt einen wie mich. Nur weil ich kurz gewachsen bin. Vonwegen! Klein, aber oho! Redl! Du bist ein Idiot!

In der Tat: Der Giftköder-Fabrikant hatte nicht aufgepasst heute Mittag. Er hatte geglaubt, er werde nicht verfolgt, als er Lewatzki verließ, für dessen stillen Teilhaber bei allen künftigen Banküberfällen er sich hielt.

Aber der ‚Kleine' war geschickt und gewieft. Er hatte Redl verfolgt bis zurück zum Bankhaus Cash & Lappen und dann weiter – mit dem Taxi – bis zu Redls Zuhause in der kleinen Umland-Gemeinde.

Von da an riss Lewatzkis Beschattung nicht mehr ab. Er wartete auf eine günstige Gelegenheit. Teilhaber? Mitwisser? Er würde Redl aus dem Wege räumen. Was anderes kam gar nicht in Betracht.

Als Redl dann abends in die Stadt fuhr, um sich im ‚Biereimer' mit einem Gleichgesinnten zu treffen, nämlich mit Bierröder, da war ihm Lewatzki – der inzwischen seinen grauen Kombi geholt hatte – abermals auf den Fersen.

Dumm der Zwischenfall mit der Führerschein-Kontrolle. Aber das war ja dann glimpflich abgelaufen und die Bullen konnten nicht ahnen, dass er Redl beobachtete. Nein, da gab's keinen Verdacht.

Jetzt fuhr Redl mit der brünetten Schnepfe nach Hause und eben hatte Lewatzki den Wagen überholt.

Der ‚Kleine' wollte vor den beiden in Redls Villa sein. Als Einbrecher. Und die Frau sollte Zeugin werden für den Vorgang: heimkehrender Redl überrascht Einbrecher in seinem Haus und wird von dem maskierten Unbekannten niedergeschossen. Einbrecher flieht unerkannt. Hausherr ist mausetot. Die Frau kreischt und ruft dann die Bullen.

Ja, so mache ich's!, dachte Lewatzki und das harte Gesicht an seinem semmelblonden Rundschädel wurde noch härter.

Er parkte auf einem dunklen Feldweg hinter Redls Anwesen. Durch die Hintertür drang er ein. Er postierte sich.

Drei Minuten später fuhr Redls Protzauto in die Garage. Stimmen vor der Haustür. Schrilles Lachen der Frau. Die Tür wurde aufgeschlossen. Licht in der Diele.

Lewatzki hatte eine kleinkalibrige Pistole, die er vor acht Jahren in Barcelona auf einem Flohmarkt gekauft hatte. Das Ding – ein zweischüssiger Derringer – funktionierte wie geölt. Die Kugeln pfiffen höllisch. Aber die Pistole schoss ungenau. Auf drei Meter Entfernung zog sie eine Handbreit nach rechts.

Lewatzki wußte das. Entsprechend weit hielt er daneben.

„Und hier ist mein Livingroom!“, dröhnte Redl. „Eingerichtet wie in den Fünfziger Jahren. Das ist inzwischen sehr kostbar.“

Er kam herein und machte Licht.

„Das will ich sehen!“, rief Sabrina, die eigentlich Hedwig hieß.

Redl starrte den maskierten Typ an. Und natürlich erkannte der große Schweinehund den kleinen Bankräuber an der Figur.

Der Derringer spie doppelläufig Feuer. Peitschende Schüsse. Sabrina schrie wie am Spieß. Redl brach zusammen. Ein grässlicher Anblick. Die Waffe wurde auf die Frau gerichtet.

„Schnauze!“

Das Kreischen verstummte.

„Hinlegen!“

Sie fiel auf die Knie, nahm Bauchlage ein, streckte sich aus und faltete die Hände hinter dem Kopf, weil sie das mal in einem Gangsterfilm gesehen hatte.

„Zehn Minuten bleibst du liegen!“, befahl Lewatzki durch seine Strumpfmaske.

Er stürmte hinaus, pflückte im Vorbeilaufen zwei kleine Gemälde von der Wand, die aber keinen Wert besaßen, und kam unbehelligt zum Wagen.

Ab die Post! Dem habe ich's gegeben, dachte er. Der ist hin. Kommt davon. Schmarotzer brauchen wir nicht.

Zu spät fiel ihm ein, dass er nicht nach dem Geld gesucht hatte – ‚seinem Geld, seiner Beute‘.

Aber jetzt konnte er nicht mehr umkehren.

*

Sabrina, die eigentlich Hedwig hieß, verständigte Polizei und Notarzt.

Redl war nicht tot. Er hatte einen Steckschuss im Hals und einen Streifschuss am Kopf. Eine Notoperation noch in dieser Nacht würde den Giftköder-Fabrikanten retten. Aber nach der Genesung in einigen Monaten war er nicht mehr derselbe. Durch die Halsverletzung war seine Gesundheit angeschlagen für immer und Redl zog sich von den Geschäften zurück. Er führte ein Leben als Frührentner und nahm fast nur noch flüssige Nahrung zu sich.

Sein Betrieb wurde eingestellt, denn kein Käufer konnte sich für diese Fabrikation erwärmen.

22. Trittbrettfahrer

Bierröder hatte kalten Schweiß auf der Stirn. Die Hände zitterten. Er war eben nach Hause gekommen und erschrocken gewesen über den Polizeiwagen vor seiner Adresse, vor Leichtenstetter Straße 144.

Was war passiert? Einbrecher bei ihm? Eine Gasexplosion? Dass auch seiner Gudrun was zugestoßen sein könnte, fiel ihm zuletzt ein.

Nichts von alledem.

Seine Frau stand totenbleich in der Diele. Ein Kriminalbeamter, der sich dann als Kommissar Glockner vorstellte, redete.

Auf Gudruns Gesicht stand Entsetzen.

Bevor Bierröder ein Wort heraus brachte, wurde er von seiner Frau angespuckt.

„Du Sau! Du Verbrecher! Mistkerl! Rumtreiber! Schänder! Ja, du bist der Beißer!"

Bierröder spürte, wie seine Gedärme krampften. Aus! Vorbei! Er wurde festgenommen.

„Wir haben das Haus durchsucht", erklärte Gabys Vater. „Vor allem Ihren Hobbyraum unten im Keller."

Bierröder hatte inzwischen gecheckt, dass noch zwei weitere Beamte anwesend waren: ein Uniformierter und einer in Zivil, der Durchsuchungs-Experte. Sie hatten Gudrun den richterlichen Befehl vorgelegt und waren natürlich gleich auf den Hobbyraum aufmerksam geworden. Den betrachtete Bierröder nämlich als sein Reich. Nicht mal zum Staubwischen durfte Gudrun hinein.

Bierröder hatte dort seine Utensilien versteckt: die Kopfmaske, die den Mund freiließ, die Handschuhe, die Klamotten. Und die Mappe mit den Zeitungsberichten über fünf – jawohl über fünf – Überfälle und Beiß-Attacken

DU NOCH MEHR!

des ‚Beißers'. Zu schlimmeren Handlungen war es dabei allerdings nicht gekommen. Die Opfer hatten sich losreißen können und waren geflohen.

Die Polizei hatte alles gefunden.

Bierröder wimmerte, als sie ihm Handschellen anlegten. „Ich… ich bin nicht der Beißer."

„Ach nein?", sagte Glockner. „Ich glaube doch. Und heute Mittag haben Sie bei dem Überfall auf Helga Hoppenheide einen Zahn verloren. Ja, der wurde inzwischen von Dr. Bachrippe ersetzt. Aber der Originalzahn mit blutiger Wurzel – der liegt uns vor. Und damit läßt sich sehr leicht bestimmen, dass Sie es waren. Klar?"

Bierröder war auf einen Stuhl gesunken, weil ihn seine Beine nicht mehr trugen.

„Das… ja, das war ich. Aber sonst… nein! Nur fünfmal! habe ich vorher… Weil… weil doch alles über den Beißer in der Zeitung stand. Da habe ich… Weil ich Hass habe auf diese krötigen Weiber. Sie lachen über mich. Nur wenn ich das Portmonee zücke, kommen sie mit. Sonst bin ich für die nur der Doofe. Und für meine Frau bin ich das schon lange."

„Ja!", schrie Gudrun. „Du bist unerträglich!"

„Du noch mehr!", brüllte er zurück.

„Ruhe!", befahl Gabys Vater und dachte: kann sein, er sagt die Wahrheit. Ist durchaus möglich. Dann wäre er nur ein Trittbrettfahrer. Ein Nachahme-Täter. Und für die schwereren Fälle mit blutenden Bisswunden – and more – dafür ist ein anderer verantwortlich.

Im Präsidium wurde Bierröder eingehend verhört. Glockner fragte auch nach dessen Bekanntschaft mit Lothar Redl, dem Giftköder-Fabrikanten. Denn was den betraf, war inzwischen eine alarmierende Meldung eingegangen: von dem Einbruch in sein Haus und den Schussverletzungen. Redl war, unter Obhut des Notarztes, bereits auf dem Weg ins Krankenhaus.

„Den Lothar kenne ich schon lange“, erklärte Bierröder. „Wir haben gemeinsame Interessen. Zum Beispiel finden wir diese ganze Tierliebe und den Tierschutz blöd und übertrieben. Die Viecher gehören, falls sie schmecken, in den Kochtopf und sonst nirgendwohin. Und das Gekacke der Tauben geht einem doch auf den Nerv, nicht wahr?“

Beifallheischend sah er umher.

„Sie sollten sich auf verminderte Zurechnungsfähigkeit berufen“, sagte Gabys Vater kalt. „Ihren Status als Beamter haben Sie ohnehin eingebüßt.“

*

Rosalinde Kovechluser las im Bett noch einen – absolut unwahren – Bericht über ein 19-jähriges Königskind, weiblich, aus dem südlichen Europa, und den Liebeskummer, den die Arme erdulden musste.

Dann löschte Rosa das Licht, knäulte ihr Kopfkissen zurecht und schlief alsbald ein. Sie schlief immer sehr tief und träumte natürlich vom Hochadel und seinem hochadeligen Liebesleben, das nur in Schlössern stattfand, auf edlen Landsitzen und weißen Hochsee-Yachten.

Kovechluser, der neben ihr lag, schnarchte bereits. Aber das war gespielt. Er simulierte. Er schnarchte auch nicht so heftig wie sonst. Und da das Doppelbett über geteilte Matratzen verfügte, merkte Rosa nicht, wie sich ihr Mann erhob und hinausstahl, still und heimlich.

Kovechluser war von einem einzigen Gedanken beherrscht: Die Delius hat noch nichts von Uropa Friedrich verraten. Bis jetzt nicht. Aber morgen kann das schon anders sein. Wenn sie ausgeschlafen ist nach dem Beruhigungsmittel denkt sie vielleicht rattenscharf. Und kommt selbst darauf, dass es zwischen mir und Friedrich eine verdammte Gemeinsamkeit gibt. Sch… doch auf den ehrenwerten Namen! Darum geht es nicht, Taubentante! Das gebe ich nur vor. Nein, es geht um unsere starken Zähne! Um unsere Kiefer! Um unser Raubtiergebiss! Und um diese Wohltat, wenn man die Zähne gebraucht! Nicht um Müsli zu kauen oder Kartoffelbrei zu schlabbern. Nein! Blonde Frauen beißen! Das ist megageile Äktschen!

Er konnte auffliegen. Durch die verdammte Ahnengeschichte. Dem musste er vorbeugen. Hawliczek, der Detektiv, würde in Wien für Vernichtung sorgen. Noch heute Nacht. Und er, Kovechluser, würde jetzt den zweiten Anschlag verüben. Aber diesmal mit Erfolg. Ja, Petra Delius war eine Riesengefahr. Er musste die Frau zum Schweigen bringen. Endgültig!

Kovechluser verließ das Haus, holte den Wagen aus der Garage, fuhr leise zur Straße und dann durch die schlafende Großstadt zur Blechglanz-Straße. Er hatte Petras Schlüssel bei sich. Durch die Tiefgarage würde er eindringen – und dann in die Wohnung. Kein Problem, da er ja über alle Schlüssel verfügte. Die Frau schlief sicherlich wie in tiefer Narkose. Und da lebensbedrohlicher Stress vorangegangen war, konnte es doch leicht zu einem Atemstillstand kommen. Zu einer Todesursache, die nicht als Gewalteinwirkung erkennbar ist.

Kovechluser war sich seiner Sache ganz sicher. Dunkelheit und dichter Nebel in den Straßen begünstigten ihn.

23. Die Hoffnung ist nie verloren

Kommissar Glockner tat es ungern. Aber er hatte keine Wahl. Trotz später Stunde – Mitternacht war vorüber – klingelte er seine geliebte Margot aus dem Bett. Gabys Mutter kam schlaftrunken ans Telefon.

„Ich bin's, Liebling. Entschuldige! Aber ich bin auf der Suche nach vier Kids, die sich TKKG nennen und mich noch die letzten Haare kosten. Ich habe schon bei den Viersteins angerufen, wo sich angeblich alle zu einem nächtlichen Meeting versammeln. Aber Karls Mutter konnte mir nicht helfen. Die Kids sind nicht in der Vierstein-Villa. Ist unser Goldkind zu Hause, Margot?"

„Jetzt werde ich aber unruhig, Emil. Ich habe ihr zwar unbefristeten Ausgang erlaubt, aber nur, weil die vier noch vor Mitternacht bei den Viersteins andocken wollten."

„Das ist noch nicht passiert. Gaby rief allerdings zwischenzeitlich an. Sie und die Jungs haben mir den absolut richtigen Hinweis auf einen Nachahme-Beißer geliefert. Der Typ ist außerdem der erklärte Feind von TKKG, weil er Tauben die Köpfe abschlägt."

„Schrecklich!"

„Jetzt fällt mir ein, wo sie sein könnten. Natürlich bei Petra Delius. Der haben sie nämlich vorhin das Leben gerettet. Aber das erzähle ich dir morgen. Tschüs! Schlaf schön!"

„Ruf nochmal an, wenn du sie gefunden hast."

„Versprochen! Bussi!" Er legte auf.

Nach Petras Telefonnummer musste er im Teilnehmerverzeichnis suchen. Noch während er unter den D-Seiten blätterte, klingelte sein Telefon. Er meldete sich.

„Papi, ich bin's!", hörte er Gabys Stimme.

„Gott sei Dank! Ich suche schon nach dir und den Jungs. Gerade wollte ich bei Petra Delius anrufen."

„Das wäre richtig gewesen. Wir sind hier. Was war denn mit Bierröder?"

„Der sitzt in Untersuchungshaft. Er hat sechs Überfälle als Beißer gestanden. Mehr hat er vermutlich auch nicht gemacht. Zuletzt den von heute Mittag. Auf Helga Hoppenheide. Bierröder ist ein total verklemmter Psychopath und Tierfeind. Als Beißer ist er nur ein Nachahme-Täter. Zu seinen Lasten gehen die minderschweren Fälle."

„Das haben wir uns gedacht."

„Wie bitte?"

„Wir hatten so eine Ahnung, dass er nicht der Haupttäter ist."

„Na, wie nett, dass ihr mich trotzdem hingeschickt habt. Übrigens habe ich gerade einen brandheißen Hinweis erhalten auf den wirklichen Beißer. Einen Hinweis aus Wien. Aber erst mal habe ich noch eine andere Nachricht für euch. Sie betrifft diesen Lothar Redl, den Giftköder-Fabrikant. Den habt ihr ja auch im Visier. Und nun...

Kommissar Glockner erzählte, was sich ereignet hatte. Und sein Töchterchen äußerte mit kieksenden und miauenden Lauten ihre Verblüffung.

An der Art, wie Gaby in den Hörer sprach, merkte Glockner, dass zumindest Tim mithörte – mit dem Kopf dicht an Gaby.

Und richtig! Der TKKG-Häuptling meldete sich.

„Das ist ja der Knaller, Herr Glockner. Diese Sabrina, die in natura Hedwig Plötzke heißt, hat also ausgesagt, dass der Täter auffällig klein sei, maskiert, aber nur so einssechzig in der Höhe?"

„So sagt sie."

„Dann haben wir einen irre heißen Tip. Denn Redl und/oder Bierröder wurden heute Abend im Biereimer von einem kleingewachsenen Kombi-Fahrer beobachtet –

auf höchst verdächtige Weise. Wir wissen nicht, weshalb. Aber auffällig war's. Der kleine Typ heißt Holger Lewatzki und…"

Jetzt war Tim mit dem Berichten an der Reihe und Kommissar Glockner hörte aufmerksam zu.

„Den Lewatzki nehmen wir noch heute Nacht unter die Lupe", versprach Glockner. „Vielleicht finden wir die Pistole bei ihm. Und eine Gegenüberstellung mit Hedwig Plötzke wird ebenfalls hilfreich sein. Den Hintergrund für diesen Überfall decken wir ganz bestimmt auf. Wenn eure Vermutung zutrifft, ist der Einbruch nur ein Ablenkungsmanöver."

„Super!", meinte Tim. „Und welcher Hinweis kam aus Wien? Betrifft es vielleicht ein bestimmtes Kriminalmuseum?"

Das verschlug Gabys Vater die Sprache. Für einen Moment schwieg er den Hörer an.

„Wißt ihr das auch schon?", war dann die Frage. „Vielleicht ist euch auch ein André Hawliczek bekannt?"

„Nö!", erwiderte Tim. „Der Name sagt uns nichts."

„Hawliczek ist Privatdetektiv. Ein schmieriger Bursche. Er hat versucht, das besagte Kriminalmuseum anzuzünden – jedenfalls eine bestimmte Abteilung. Aber er wurde erwischt. Und im Verhör hat er ausgepackt. Die Brandstiftung war ein Auftrag. Und nun ratet, von wem?"

„Bernhard Kovechluser", sagten Tim und Gaby zweistimmig am anderen Ende der Leitung.

„Warum rede ich überhaupt mit euch? Ihr wißt ja schon alles."

„Von Petra!", bestätigte Tim und tischte die ganze Geschichte auf: von Urgroßvater Friedrich, dem beißenden Frauenmörder mit dem Raubtiergebiss.

„…und deshalb", fuhr Tim fort, „ist unser hiesiger Kovechluser der Beißer. Der gesuchte Mistkerl, Schänder und Verbrecher. Friedrichs Abartigkeit hat sich auf den Urenkel vererbt. Nur dass der nichts davon wusste. Vom Uropa, meine ich. Als Petra dann ihre Entdeckung benutzen wollte, um eine Änderung von Kovechlusers Tauben-Politik zu erzwingen, sind bei dem Herrn Stadtrat die Sicherungen durchgeknallt. Petra war so auf die Gefiederten fixiert, dass sie den Zusammenhang nicht gesehen hat. Aber Kovechluser erkannte die Gefahr. Er wollte Petra beseitigen. Erst in der Tiefgarage. Und dann jetzt."

„Was heißt: dann jetzt?", rief Glockner.

„Er hat's nochmal versucht. Eben jetzt. Ja, dieser Mistkerl ist zäh. Vor zehn… Moment, Gaby meint, vor 20… ja, vor 20 Minuten ist er mit Petras Schlüssel hier in die Wohnung eingedrungen. Wir haben sowas geahnt, wollten aber Sie damit nicht behelligen, Herr Glockner."

„Ist ja wirklich nett von euch."

„Nicht schimpfen, Papi", ließ sich Gaby vernehmen. „Wir haben alles geregelt. Die Wohnung war dunkel. Petra lag im Bett und stellte sich schlafend. Kovechluser wollte sie mit einem Kissen ersticken. Na, Tim hat das verhindert."

„Ich will gar nicht wissen, wie? Ist der Kerl schon wieder bei Bewusstsein?"

„Noch nicht, Papi. Tim hat ihm eine draufgehauen, dass… Naja. Jedenfalls haben wir dem Herrn Stadtrat die Hände gefesselt. Du kannst ihn abholen lassen."

„Ich komme selbst."

„Papi!"

„Ja, Tochter?"

„Dieser Redl ist schwerverletzt. Bierröder sitzt hinter Gittern. Kovechluser wird das Gefängnis erst als alter Mann verlassen. Die Taubenmörder-Konnäktschen ist ausgeschaltet – weil sich die Typen durch ihren Charakter

IST JA WIRKLICH NETT VON EUCH.

selbst ausgebootet haben. Können wir jetzt hoffen, dass es mit der Bestialität vorbei ist?"

Glockner zögerte, ehe er antwortete: „Ich glaube ja, Gaby. Jedenfalls wird vorläufig Ruhe sein. Bis wieder irgendwelche Unmenschen grausame Beschlüsse fassen. Diese Sorte von sogenannten Verantwortungsträgern wird es ja immer geben. Aber es gibt auch die anderen. Tierfreunde und Tierschützer wie euch, die nicht nur ein sentimentales Herz haben für unsere Schöpfungskameraden, sondern das Leben achten. Das Recht harmloser Tiere auf Leben. Ihr werdet euch immer dafür einsetzen. Deswegen ist die Hoffnung nie verloren."

Zuletzt erschienen: TKKG Band 73

Nachts schrecken Tim und Klößchen aus dem Schlaf, denn unweit des Internats erfolgt eine gewaltige Explosion. Hinter einem Waldstück findet man einen tiefen Krater im Boden. Ein Landstreicher, der in der Nähe übernachtet hat, zittert vor Angst. Er hat eine sensationelle Beobachtung gemacht: Ein Ufo, behauptet er, wäre gelandet. Grünschillernde Wesen hätten es fluchtartig verlassen. Dann wäre das Raumschiff explodiert.

Zuletzt erschienen: TKKG Band 74

Im Grandhotel trifft sich alljährlich eine bunt zusammengewürfelte Gruppe: 22 Männer und Frauen – die Überlebenden eines Flugzeugabsturzes, der vor fünf Jahren die Weltöffentlichkeit erschütterte. Eine Bombe war an Bord. Aber der Täter konnte nicht ermittelt werden. Niemand ahnt, daß er sich unter den 22 Überlebenden befindet. TKKG werden hineingezogen in ein unglaubliches Geschehen.

Zuletzt erschienen: TKKG Band 75

An einem Autobahnabschnitt nahe der TKKG-Stadt treibt ein Scharfschütze sein Unwesen. Er benutzt die Fahrzeuge als Zielscheiben. Das ist der Auftakt zu einer großangelegten Erpressung. Von der Landesregierung fordert der Unbekannte mehrere Millionen DM. Nur dann werde er seinen Terror einstellen, andernfalls verstärken. Ein lebensgefährlicher Fall für TKKG beginnt.

Ebenfalls neu: TKKG Band 77

Dem Kleinganoven und Zocker Egon V. fallen 10000 plump gefälschte 20-DM-Scheine in die Hand. Ein willkommenes Taschengeld, das er nun einsetzt für seine Wetten. Dabei entsteht Kontakt zu einem illegalen Wettbüro besonderer Art: dem Veranstalter teuflischer Spiele. Das Büro wird betrieben von skrupellosen Typen, die Wetten abschließen auf den… Tod. TKKG entdecken einen Sumpf der Niedertracht und Menschenverachtung.